벽창에 뜬 별들의 노래

들꽃시인의 인생 시와 수필

벽창에 뜬 별들의 노래

양종영 지음

문경출판사

序詩

내가 쉽게 시를 써 온지가
벌써 몇 해 이던가
유년 시절부터
스피노자 릴케 하이네
구르몽의 시집을 액세서리처럼
들고 다니며
시인을 꿈 꿨던
그 때는 참 쉽게 시를 썼지
별똥별을 주우러 들판으로 뛰어갔던
소년의 동심에서 시간이 흐르고
조각달이 차올라 보름달이 되면
어두운 세상을 비추는 달빛 같은
시를 쓸 수 있으리라고
수많은 세월을 차곡차곡 다져 왔는데
왜 시가 점점 어려워지는가
나는 지금 시를 쓰고 있는가
넋두리를 쓰는가
상투적인 시어들을 끌어다 붙인 장식은 아닌지
narcissism에 빠진 것은 아닌지
나 다운 시를 쓰고 있는지
한 줄 시를 쓰는데도 생각이 깊어지고
한 줄 시를 쓰기에도 부끄럽고

한 편 시를 쓰는데도 등에 땀이 흐른다
윤동주 시인이 쉽게 씌워진 시를 쓸 때
자괴감이 이런 심정이었을까

죽는 날까지 하늘을 우러러
한점 부끄럼이 없기를
잎새에 이는 바람에도 나는 괴로워했다……

차례

■ 序詩 · 9

제1부 사랑에 관한 시

19 · 1975년 봄에 쓴 love letter
20 · 가을밤 戀詩
21 · 가을풍경
22 · 그 여인이 보고 싶다
23 · 달빛이 고웁다고
24 · 당신을 닮아가네요
25 · 들국화 연가戀歌
26 · 봄이네요
28 · 문득 생각이 나서
29 · 여인아
30 · 어느 시인의 첫 사랑
31 · 어떤 모습으로 늙어 가고 있을까
32 · 이제 좀 잊어야겠다
33 · 철부지 짝사랑
34 · 첫 사랑
36 · 노부부의 겨울 이야기
38 · 해와 달

제2부 함께 읽는 시

41 · 귀한 보물

42 · 그늘

43 · 기도

44 · 봉환이

45 · 무성해지리라

46 · 새

47 · 신이여 당신의 실수가

48 · 어느 버스킹

49 · 어떻게 살아야

50 · 요양원 할머니

52 · 희망

54 · 흔들리는 나무

제3부 생각하며 읽는 시

57 · 2024년 성탄은

58 · The deprived Generations

60 · 낙엽과 나

62 · 모를 것이다

63 · 불기2569는 心眼으로 보라

64 · 성 디오 케네스의 패러디

65 · 아이런이 눈꽃

67 · 어떤 겨울

68 · 어떻게 시를 써야
70 · 올 봄은
72 · 인조인간(AI)
74 · 잔인한 착각
76 · 웃음에도 색깔이 있당께요
77 · 내 저승에 가면
78 · 절규
79 · 참회록
80 · 하루살이에게 물어봐
81 · 화가 날 것 같아서
82 · 활명수를 마셔야 사는 세상
83 · 흑묘黑猫

제4부 생각하며 걸으며

87 · 개나리
89 · 개나리 꽃
90 · 검정 슈트
91 · 공휴일
92 · 구절사의 노송
94 · 귀의歸依
95 · 그리운 사람
96 · 그리워서 그립다
97 · 누님의 짝사랑

98・두어 시간 만이라도
100・막소주와 한라산 담배
101・향수鄕愁
103・머지않아 우리는
104・무엇이 될꼬 하니
105・꼬마물떼새가 떠났다
106・뭍에 오르지 말거라
108・보릿고개
110・봄의 몸짓
112・살아 있다는 것
114・비단강 천리
115・세월이 물이라면
116・수중문답
117・개나리 꽃
118・시인의 새
119・아버지 기일
120・아버지를 찾아간다
121・옛 친구
122・옹기 항아리
123・웃고 살자
124・있었는데 없다
125・좋은 친구
126・애마

127・참 좋은 기억
128・아버지의 길
130・황악산 메아리를 부르다

제5부 소중한 것을 잊고 살았습니다

133・돌아보는 여유
135・말은 미필적 고의가 없다
140・못다 쓴 추억 하나 있어
143・소중한 것을 잊고 살았습니다
147・시는 왜 쓰는가
149・아픈 향수를 아는가
151・**易地思之의 지혜**
155・오지랖의 아니러니
159・입영하던 날
161・저를 알아보시다니요
164・친구 문상을 다녀와서
166・콜라보 삶이란

제1부

사랑에 관한 시

1975년 봄에 쓴 love letter

순아
봄이어요 꽃이 피네요
겨우내 움츠렸던 그리움들이
노랑 분홍 꽃물이 들어
온통 꽃빛이 되네요
사방 분홍빛 꽃망울들이
금새 터질 듯 가슴을 달구네요
꽃망울 익어 만발하기도 전에
쉬이 가버릴 것 같은 봄
마음 초조해서
채 익지 않은 봄볕 한 자락
붙잡아 펼쳐놓고
분홍빛 편지를 적네요
꽃망울 다 피워지기 전에
그대 향기에
마냥 취해볼 수는 없을는지요
이 봄 다 가기 전에
우리들 분홍빛 이야기
화알짝 피워줄 수는 없을는지요

답주세요

가을밤 戀詩

가을밤이 왜 이리 기나길고
영혼은 사막을 헤매고
가슴은 낙엽 구르는 소리만 나는가

사그락 사그락
낙엽 밟는 소리
귀익은 발자국 소리
님인가 싶어
화들짝 커튼을 제쳐보니
텅빈 골목 달빛만 찰랑이네요

별도 보이지 않는 밤
시간은 자정을 지나는데
잠못 이뤄 들척이는 가을 심상
가을 밤 이슥하도록
귀뚜리가 읽어주는 戀詩가
마른 낙엽을 촉촉이 적시네요

가을풍경

백염처럼 맺힌 서릿발 위로
야윈 햇살이 그리움처럼 번지면
영롱하게 반짝이는 길섶
마른 덤불 엉켜 피운
들국화 군상들이 처연하다

한들 산들
코스모스 가는 목을 흔들며
동구 밖 돌담길을 지나
낙엽을 밀고
돌돌 굴러가는 가을

아직 사랑하는 사람에게
세상에 가장 고운 언어로
고백도 못했는데
어느새 가을 낙엽되어
석양을 넘는구나

그 여인이 보고 싶다

하얀 무명수건
고깔처럼 접어 쓰고
무명치마 휘이 돌려
허리에 감아 매고
귀 시린 꽃샘바람 마다않고
보리밭이랑 독새풀 뽑다가
굽은 허리 못 펴고
봄을 보내던 여인아

꽃다지 냉이 연노랑 봄날
종달이 노랫소리 구성진 들녘은
풋풋한 향기 가득하니
보리밭 매던 여인이 몹시 그립다

책보 어깨에 둘러메고
필통소리 딸각딸각 달려와서
어메 하고 부르면 시커먼 꽁보리밥
된장국에 챙겨주던
그 여인이 그립다

달빛이 고웁다고

달빛이 고웁다고
그렇게 환하게 피우다니요
보일세라 뜨일세라
깨금발로 살포시 와 줄
수줍은 소녀는 어쩌라구요

밤바람도 숨 죽여 지나는데
달빛이 고웁다고
그리 환하게 웃다니요
수줍어 달이 지기를 기다리는
내 소녀는
어떻게 오라구요

당신을 닮아가네요

피 한 방울 섞이지 않은
당신과 내가 부부라는 이름으로
엮여 살면서 자꾸 닮아가네요

식성도 같아지고
취미도 같아지고
이제 생각도 같아지고
주름살도 닮아 가네요

연리지 되어 손 맞잡고
설한 삭풍길 함께 걷고
춘하추동을 함께 살아 온
비탈길 마다않고 걸어 준 당신
기꺼이 닮아줘서 고마워요
너무 고마워요

들국화 연가 戀歌

그대가
내게로 닥아 와
피우기 이전에는
그게 사랑인 줄 알지 못했습니다
남녘의 구름을 헤적이면서도
그게 그리움인 줄 알지 못했습니다

어느 날
가을 햇볕에 야윈
마른 숲길을 걷다가
덤불속에 꼭꼭 숨어 핀
하얀 들국화를 보고나서야
허공에 풀어놓던 시 한자락이
그대를 향한 연모인 것을 알았습니다

나의 부끄러움을
통째로 알면서도
살포시 곁에 닥아 와
하얀 들국화로 피워 준 그대
그대를 그리워하기에는
하루해가 너무 짧네요

봄이네요

아– 봄이네요
가슴이 벅차요
겨우내 언땅이 꿈틀거려요
따스한 햇살이 잠을 깨우니
앙상한 가지에서
초록 생명들이 살갗을 비집고
빼꼼히 얼굴을 내미네요

혹한을 잘도 견뎌줘서 기쁘고
살아 있어서 눈물이 나요
겨울을 밀어내는 함성에
화들짝 놀란 비둘기 잠 깬 울밑에
샛노란 개나리 시샘하듯
목련이 벌거벗은 몸 가릴새도 없이
수줍게 꽃망울을 피우네요

봄이네요 가슴이 두근거려요
기억 밖으로 밀어내지 못한
빨간 보조개 지지배가
분홍빛 햇살을 둘러 입고
살포시 올 것 같은 봄이네요

때로는 최면을 걸기도하고
때로는 몽유병을 앓게 해요
그래서 나는 해마다 봄을 앓는
소년이 된답니다

문득 생각이 나서

아련히 잊혀져 가던 이름
문득 그 이름이 생각이 나서
섬 바윗골 너럭바위 작별을
슬픔을 짓이기듯 돌로 찍어서
수없이 부르며 새긴 이름
몽유병자처럼 찾아 나섰다

너럭바위 틈새 다소곳이 피어
이별을 지켜보던 풍로초 한 떨기
지금도 피여 날 알아볼까
가슴이 답답해지는 것은
기억조차 아득해서인가

해묵은 길 찾아서
마음은 달리는데 발길이 더디다
길한테 길을 물으니
길이 길을 지운게 언제인데
세월이 면박을 주길래
장님의 손으로 더듬어 찾아가니
풍로초 간 곳 없고 세월의 때만
덕지덕지 끼였구나

여인아

우리에겐 아직 하지 못한 이야기가 있어요
소년처럼 수줍어서
때로는 주책이랄까 봐
입안에서만 오물거리던
가을을 닮은 이야기
소중하고 은밀하게 감추어 둔
그 말을 가만히 꺼내들고
떨어지는 낙엽을 슬퍼합니다

지극히 외롭거나 쓸쓸 할 때
무거운 마음을 들고 오르던
황악산 능선 길
사각사각 낙엽 밟는 소리로
구르몽처럼 사랑의 시를 씁니다
(여인아 들리느냐 낙엽 밟는 소리가)

어느 시인의 첫 사랑

아-
나에게
다시 올 수 있을까
크로바 꽃을 엮어서
목에 걸어주며 마냥 가슴이 뛰던
그 아름답던 시절이

먼 나라 이방인처럼
서로의 마음을 말하지 못해서
손가락을 걸고 마음 달구며
연정을 앓던 그 시절이 다시 올 수 있을까

삐그덕 삐그덕
나룻배 노젓는 소리에
화들짝 놀라서 심장이 터질 것 같던
환희로운 시간이 다시 올 수 있을까

어떤 모습으로 늙어 가고 있을까

가지말라고 붙잡고 애원하니
도마뱀처럼
제살을 끊어내고 가더라
게처럼 다리를 잘라내고 가더라

수박처럼 쪼개져
이별을 오물거리며
미련을 하나씩 뱉어내던 그날 밤
달빛은 흐리고
부엉새 울음도 애절했다

너를 떠나보내고
서럽고 못 잊어서
매일 올라 너의 이름을 되뇌이며
홰 울음 울던 절골 잿마루 다박솔이
노송이 되도록 못 잊는 소녀

네가 울며 떠난 성터산 오솔길
옛 모습 아련한데
1974년 철부지 소녀는
지금 어떤 모습으로 늙어가고 있을까

이제 좀 잊어야겠다

너로 인해
너무 오래
마음의 병을 앓아왔다
그리움인지
미움인지
병명도 모를 병이 들어
치유를 못하고

고통을 견디며 여기까지 왔다
지지배야
잊기에는 병이 너무 깊지만
심장이 멈춰 잊기보다는
심장이 따뜻할 때
이제 좀 잊어야겠다
빨간 볼의 소녀가 가슴에 있을 때

철부지 짝사랑

난 네가 너무 좋은데
사랑한다는 말을 못했어
너무 부끄러워서

네가 너무 예쁜데
예쁘다는 말도 못했어
어떻게 해야 할지 몰라서

종이에 써서
슬쩍 던져주는 그런 것도 못 했어
네가 화낼까 두려워서

그렇게 너를 간직한 채
어른이 되어
사랑한다는 말을 해주려고
너를 찾아갔는데
빨간 볼의 소녀는 없더라

첫 사랑

내가 왜
너에게 자꾸 심술을 부렸는지
너는 아니
그것은 네가 좋아서 그런거야

내가 왜
너에게 짓궂게 장난을 걸었는지
너는 아니
너의 관심이 필요해서 그랬어

내가 짓궂게 할 때마다
넌 뽀르르 토라지고
내가 장난을 걸 때마다
너는 눈을 흘기며 화를 내고
얼굴을 감싸쥐고 우는 시늉도 했지

네가 화를 내고 토라질 때가
참 예뻤거든
나의 낡은 공책에는
토라지는 모습이 아닌
예쁜 동그라미로 네가 그려져 있었고
순희 순희 순희……

반복된 이름이 씌워져 있었어
아마도 그게 첫 사랑 이였나 봐

노부부의 겨울 이야기

겨울 밤은 춥지만
당신과 함께 있어 아늑하구려
잠시 설거지는 미뤄두고
내 옆에 앉아 보세요
엄니가 두고 가신 놋쇠 화로에
숯불 피워서
알밤도 굽고 고구마도 굽고
추억도 포옥 구워 봅시다

형광등은 잠시 꺼두고
광에 넣어 둔 호롱 꺼내다가
하늘하늘 밝혀 놓고
커튼을 올려요 별들이 보이게
선반위에 얹어 두었던
해묵은 이야기도 내려서
함께 펼쳐 봐요

이 나이 되도록 뒤돌아 볼 겨를 없이
잰걸음 치며 살아왔지 않소
동지섣달 밤이 길다 하지만
서리서리 접어둔 이야기가
어찌 길다 하겠소

밤 이슥하도록 도란도란 나누다가
하얗게 얼은 하현 달
창을 넘어 와 침실 바닥에 눕거든
내 팔베개 베고 함께 잠들어요

해와 달

억만년
같은 하늘에 살면서도
만날 수 없는
해와 달 같아
남 몰래 가진 사랑이
못 견디게 아프다
아 아 긴긴 겨울밤
남 몰래 앓아 온 사랑
그리움 눈꽃 되어
셀 수 없이 날으는데
언제쯤이면
천지개벽 되어
해와 달이 같이 떠서
쌔근대는 가슴 맞대고
실컷
웃어도 보고
울어도 볼 거나

제 2부

함께 읽는 시

귀한 보물

세상에서 가장 소중한 보물은
다이아몬드나
값진 귀금속이 아닙니다
보이지 않지만
오래가고
만져지지 않지만
느낄 수 있고
돈을 쓰지 않아도
만들어지고
누군가에게 주고나면
더 없이 따뜻해지는
자꾸 주어도 자꾸 받아도
질리지 않는 소중한 보물은
사랑이란 두 글자입니다

그늘

나무가 나무로 그늘이 되는 것은
무성하다고 되는 것이 아니다
갖고 싶은 것도
내려놓을 줄 알아야
듣기 싫은 말도
들을 줄 알아야
보기 싫은 것도
볼 줄 알아야
비로소 사람들이
뙤약볕을 피할 수 있는 그늘이 된다
뜨거운 햇볕속을
걸어가던 나그네가
편안하게 마음 내려놓고
적삼 고름 풀어 가슴 헤치고
젖은 땀을 식힐 수 있어야
비로소 그늘이다

기도

다음 생에는
엄마의 보폭을 따라 걷는
아이로 태어나게 하시고
세상의 맞물리는 톱니로 살게 하소서

곡예하는 사람이 외발 자전거를 타기위해
넘어지고 엎어지는 고통이게 하지마시고
아슬아슬한 곡예의 삶을 살지 않게 하소서

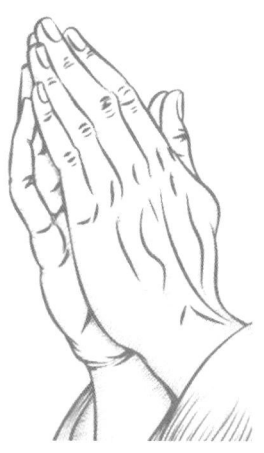

옆구리에 딱딱한 나무보조 지팡이가 아니라
사랑하는 사람과 손을 잡고 나란히 걷게 하시고
도움을 받는 사람에서 도움을 주는 사람으로
태어나게 하소서

계단이 높다고 마트 가는 길이 멀다고
투정만 부리던 연약한 사람에서
마냥 웃을 수 있는 사람으로 거듭나게 하소서

봉환이

내 친구 봉환이는
같은 해에 태어나 같은 동네에서
자란 친구이다
어릴 적 소아마비를 앓아
다리가 불편했던 동무
왁자지껄 동무들 골목놀이 할 때면
봉환이는 늘 외로운 관중이었고
공정한 심판이었다
봉환이가 보조 지팡이를 의지해서
같이할 수 있는 놀이를 생각하다
구슬치기를 생각해 내고는
동무들에게 고집스럽게 구슬치기를 제안하고
봉환이와 함께할 때마다
봉환이는 더 이상 외로운 관중이 아니라
함께하는 선수였다
덕분에 나는 구슬치기 명수가 되어
동무들 구슬을 다 따서 울먹이게 했던
오래된 기억에 피식 웃다가도
불편한 봉환이와 함께 놀 것을 생각했던
내가 대견스러워 진다

무성해지리라

가지 하나 없다고
꽃을 못 피울 소냐
뿌리 하나 없다고 쓰러질소냐
바람이 분다고 주저앉을소냐

무성하리라
뿌리가 없으면 돌무더기에 기대서라도
가지가 없으면 몸통을 쪼개서라도
하늘을 향해 전진하고 무성해 지리라

온통 빛이 마른 어둠 속에서
때로는 기적소리 슬프게 들리고
엉엉 소리 내어 울지 못해도
절망을 절망으로 물어뜯으면서
나는 무성해 지리라

새

새가 날 수 있는 것이 하늘이다
마음껏 날 수 있을 때만 새이다
새장에 갇힌 새가
제일 먼저 그리워 하는 것이 창공이다
새장에 갇힌 새
하늘과 격리된 날개를 파닥이며
그 의미를 쪼아 보지만
새장 안에서 날개는 의미가 없다
하늘이 없는 새장 안에서
욕망을 지고 날으려는 파닥임
새장에 작은 새는 등이 휘어진다

신이여 당신의 실수가

누군가는 행복에 겨워 살지만
누군가는 하루하루 사는 것이 고통인 사람도 있다

누군가는 평범한 한끼 식사인데도
누군가는 평생 맛볼 수 없는 성찬이 되기도 한다

일상적으로 오 내리는 계단도
누군가에게는 태산이 되기도 하고

누군가는 질리도록 보는 풍경들이
평생 볼 수 없는 슬픈 상상이 되기도 한다

귀가 따갑도록 듣는 수억 개의 소리들도
누군가는 소리 존재조차 모르고 산다

신은 있어야 할 것이 없고
없어야 할 것이 있는
피조의 오류를 이제 그만 그치소서

어느 버스킹

지나는 사람도 없는 구석진 거리에서
바이올린을 켜는 당신은
선율로 달을 그려 낸 악성 화신 같아요

사람들은 빛을 가리려
색 짙은 안경을 쓰는데
당신은 세상을 느끼고파 색 안경을 쓰셨네요

눈이 내려요 당신을 축복 하듯이
가냘픈 음률에 젖은 하얀 눈송이가
당신 머리위에 화관처럼 쌓이네요

당신의 작은 턱과
가녀린 어깨 사이에서 흐르는
슬프지만 세상을 아름답게 하는 선율이
한겨울 얼어붙은 가슴들을
따스하게 데워주네요

어떻게 살아야

어떻게 살아야
내가 이승을 떠날 때
사람들이 울어줄까
어떻게 살아야
죽음 후에도 사람들이 기억해 줄까

한 사람이 떠나고 나면
낙엽이 지 듯 꽃이 지듯
잊혀지고 말아
아무도 기억해 주지않는
기억 밖의 아련한 망각이다

시대는 변하고
죽엄조차 무감각한 세상인데
어떻게 살아야
나와의 작별을 슬퍼하고
어떻게 살아야
기일이라도 기억해줄까

요양원 할머니

요양원 앞뜰에
하얀 백발 정갈하게 빗어 올린
할머니가 문설주에 기댄
윤사월 여인처럼
시름에 젖어있다

야윈 가슴을 적시며
두견새 전설을 생각하는가 보다
육신이 아파야 할 병을 마음이 앓고 있는 듯
우렁이 껍질같은 두 눈에
가득히 외로움이 고였다
가족이 없다면서도
누구를 저리 기다리는지
누가 저리도 보고 싶어서
그리움을 앓고 있는지
할머니 병은 아무도 모른다

일요일이면 요양원 뜰에 앉아
행여 올세라 기다림이 애처럽다
가끔 화장터를 나온 영구차가
훌쩍거리며 넘어가는 고갯길은
유일하게 세상 밖으로 통하는 길이고

저승으로 통하는 길이다
적막한 고갯길 까아만 어둠이 내리면
할머니 애절한 기다림은
밤새우는 소쩍새 전설이 된다

희망

왜 나는
다리가 하나인가
나는 언제나
다리 하나로 서있는 곳이
벼랑 끝이였다
다리 하나로 서있는
아스 발트 위에
나뒹굴어진 관절 꺾인 그림자가
무한한 절망이였다

어느 날 문득
절규였던 나의 기도가
간구로 바뀌였다
다리가 하나면 어떤가
달리기에 꼴찌한다고
정신력도 꼴찌인가

하나의 다리로 사는 나의 삶이
세상을 보지 못하고 아름다운 소리를
듣지 못하는 것보다
얼마나 다행인가
태어난 생명을 축복하며

다리 하나로라도
멋지게 세상을 누비며 살아봐야겠다

흔들리는 나무

살다보니
흔들리지 않는 나무는 없더라
풍상을 겪고 살면서
허리가 굽고 등이 휘어도
해마다 초록빛 꿈을 피우더라

흔들리며 피운꽃이
더 아름답고
흔들리며 맺은 열매가
더 알차게 익더라

나무는 선땅을 원망하지 않더라
척박한 땅 어디서라도 뿌리를 내리고
거센 비바람도 마다않고
기꺼이 함께 살아가더라

나무는 계절을 나무라지 않더라
흔들리며 꽃을 피우고
흔들리며 열매를 맺고
흔들리며 단풍이 들고
잎을 떨구어 뿌리를 덮고
엄동설한을 살아가더라

제3부

생각하며 읽는 시

2024년 성탄은

도시의 불빛은 파래서 더 춥다
어둠속에 웅크린 가로등 불빛이
아스팔트 위에서 푸르스름 얼어가는 밤
거리는 스산한 악몽처럼
을씨년스런 바람만 휩쓸고 지나간다
살을 외는 추위의 육신보다
마음들이 더 추운 24년 성탄
웅크린 가슴에서 마른 낙엽이 구른다
아! 손끝으로 더듬는 공허한 불안
맥과 심장이 펄떡이던 소스라친 겨울이
마음과 마음들을 통과해
성탄트리 불빛 꺼진 거리로 밀려든다
텔레비전을 켜놓고 자야겠다
내일 뜨는 태양은 어떤 모습이 될런지

The deprived Generations
―박탈과 빈곤의 세대들

나른한 봄밤
악몽에 시달리다 눈을 떴다
밤새 돌풍이 불었는지
매실 꽃이 재앙의 파편처럼 널브러졌다
새벽을 깨우던 첫 닭들도 오늘은 늦잠이다
볼 것도 기댈 곳도 없는 하루가 시작되고
늦으막히 아침 밥상을 마주하니
모래알 씹듯이 입맛이 없다

어제 정오에
공원길을 지나다가 장기를 두는
백발 옹 푸념 섞인 탄식을 들었다
차라리 그 시절이 좋았지
그때는 그래도 살만했어
(The deprived Generation)
박탈 빈곤의 시절이 차라리 그립단다

오늘도 어김없이 가난한 수레가
가난한 골목을
고달픈 삶을 가득 싣고
삐그덕 삐그덕 비지땀을 흘린다
뒤에서 수레를 밀어주니

가벼워진 수레에 놀란 듯 수레를 멈추고
화들짝 돌아보는 노인 의아한 표정
평생 누구에게도 도움을 받아 본적이
없는 표정이다

낙엽과 나

자꾸만 슬퍼집니다
눈을 꼬옥 감아도
자꾸만 눈물이 새여 나옵니다

저 노을 넘어
무성하게 우거진 들녘에
내가 있었는데
무수히 삶을 일구던
무성한 나무로 서있었는데
그 자리에 내가 없습니다

황혼을 등진
허리 휜 고목 하나 덩그러니 서서
석양을 나는 철새들의
지친 울음을 서러워 할 뿐

죽음을 암시하듯
흙빛 장막이 들씌워지고
구릉을 구르던 낙엽들이
황혼 너머로 속절없이 흩날려갑니다

황악산 잎새들이 쌓여

거대한 무덤이 될 계곡
거기에 내 청춘도 묻혀버릴 것을…

모를 것이다

칠흑같은 어둠 속에서
길을 잃어 본 사람이 아니라면
모를 것이다
한 줄기 빛이 얼마나 큰 희망인가를

물에 빠져 본 사람이 아니라면
모를 것이다
누군가 내미는 손이 얼마나 큰 은혜인가를

잠잘 곳이 없어 노숙해 본 사람이 아니라면
모를 것이다
버려진 한 장의 무가지가
얼마나 시린 어깨를
감싸주는지를

캄캄한 대양에서 방향을 잃은 항해사에게
작은 별 하나가 희망이 되듯이
헬프 미를 외치는 사람에게 내미는
작은 손길 하나가 생명일 것이다

불기2569는 心眼으로 보라

아름다운 꽃은
눈을 감고 보아라
꽃에 아름다움은 향기에 있으니
향기는 눈을 감아야 아름다우니라

사람을 볼 때도 눈을 감고 보아라
진정한 아름다움은 마음에 있으니
눈을 감아야 고운 마음이 보이느니라

꽃이 아무리 아름다워도
꿀과 향기가 없으면 벌 나비가 들지 않으며
사람이 아무리 잘 생겨도
마음이 곱지 못하면 인연이 멀리 하느니라

또 부처님이 이르기를
눈을 뜨고 세상을 보니
향기도 없는 꽃이 고혹하여
현혹된 자들
고자질 할게 하도 많아
차라리 눈을 감으니
세상이 모두 아름다웠느니라 하였다

성 디오 케네스의 패러디

남루한 노인이
대낮에 등불을 켜들고
길거리를 돌아다닌다
그의 행동이 하도 이상하여
행인이 물었다
이보시오
밝은 대낮에 웬 등불을 켜들고 다니시오
노인은 사람을 찾고 있소 하였다
대낮인데 그냥 찾으면 되지
왜 등불이요 하니
사람다운 사람이 보이지 않아
등불을 켰오
이때 지나가는 도인이
두 사람의 대화를 듣더니
혼잣말로 중얼거렸다

아 신은 없는데 신을 찾는
어리석은 사람일세

아이러니 눈꽃

눈이 내린다
하얀 꽃잎이 날아다닌다
검게 그을린 아스팔트가
하얀 꽃길이 되고
절름발이 노새를 탄
소복 여인이 길 밖의 길을 찾아
길을 만드는 눈길을 따라가면

꽃잎 흩 날려오는
언제나 봄인 나라를 향해
새들이 날고
새들 밖에 모르는 그 길을
천상을 향해
사방으로 날다가
먼저 걸어 갈 이도 없는
하얀 융단위에 아이러니 눈꽃을 피운다

세상은 늘 방황하는 돈키호테
낡아빠진 17세기 망토를 걸친
목마를 탄 전사가 녹슨 장도를 차고
뭉크처럼 절규하며 하얀 눈꽃 세상을
갈망하는 아이러니기

검게 그을린 세상을 덮어 보겠다고
눈이 내린다

어떤 겨울

뭉크는 어떤 아픔을
그토록 처절하게 절규 했을까
뭉크보다 더 처절한 절규가 나올 것 같아
요즘 귀에 말뚝을 박고
눈에는 안대를 쓰고
입에는 재갈을 물고 산다

개들이 모여 짖어대고
쓰레기처럼 내동댕이 치는 양심들
이리저리 채널을 바꿔봐도
온통 개 짖는 소리다

심장이 끓다가 하루 절반이 가고
까르르 아이들 웃음이 사라진 골목
전봇대에 매달린 가로등이 윙윙 울어대는
을씨년스런 밤을 새고 나면
또 기다려지는 희소식

굳게 걸어 잠근 철대문
잃을 것도 없는데 철대문 걸어놓고
초인종 소리를 기다리다
그렇게 빈 하루가 간다

어떻게 시를 써야

시가 무엇인지도 모르면서
왜 쓰는지도 모르면서
시가 좋아 시를 썼던 유년시절은
자신을 알지 못한 올챙이였다

이제 시인이 되어 시인이고자 하여
컴퓨터 자판을 두드리고
활자가 하나씩 생성 될 때마다
낙서를 하는지 시를 쓰는지
잘 쓰고 있는지
혈해를 헤엄치 듯 난해를 건너오니
끝도 보이지 않는 광활한 세상이
나한같이 버티고 있어

죽을 때나 꿀 법한 꿈에 시달리면서도
천연덕스럽게 시를 쓰고
세상에 내 걸은 이름이
용케도 헐벗은 육신을 가려주고
세상밖의 버려진 언어가
노트장에 스믈스믈 모여들었다

국적도 모를 이방의 언어가

교과서를 지배하고 온통 도시를 지배하고
골목을 지배하고 노란 동심까지 물드리니
어떻게 시를 써야 백의의 언어를 되찾아
온 누리에 무궁화를 피울지

올 봄은

모바일 문자로 봄을 택배 하는
21아
햇볕이 언 땅을 노동하여 밀어올린
꽃따지 달래 냉이
깜찍한 꽃잎이
뿌연 흙먼지로 바래기 전에
이 봄을 뒤척일 게 아니라
따스한 봄볕 스민 둔덕에
테일코트 단정히 차려입은
제비도 초대하고
들녘에 뒤덮인 비닐하우스 걷어내고
연둣빛 카펫 펼쳐 놓으면
종다리가 돌아 와 버스킹 하지 않겠느냐
벅차고 환희로운 봄의 농향을
온 몸을 꼭꼭 싸매고 맞이할 수 없다

이제 우리 마스크도 벗어 던지고
아지랑이 나울대는 들녘에
농부들 물 논 갈며 소 쫓는 소리
어릿어릿 유년의 봄을 기억하며
흙먼지 쫓겨 갔던 아지랑이도 부르고
나비들도 초대해 춤추게 하고

살결 고운 봄 햇살 와락 끌어안고
연분홍 꽃바람에 입맞춤하면서
버드나무 풀피리도 삐리리 삘리리
뒷산에 진달래도 방긋방긋
학교길 모랭이 오디도 한 움큼 따먹고
퍼렇게 물든 입술 낄낄 거리는
올 봄은 그렇게 맞이해 보자구나

인조인간(AI)

어젯밤 꿈에는
나보다 보폭이 큰 놈을
기를 쓰고 따라가다
등에 식은땀이 흠뻑 젖어 잠을 깼다

심장도 감정도 뜨거운 피도 없는 깡통에게
묻고 터치하고 지식을 지배당하고
나의 설 자리가 잠식되는
틀어져 버리는 삶의 구도는
의도 될 수없는 추락이기에
미래가 두렵다

첨단의 깡통들이 지배하는 미래는
어떤 삶의 구도일까
인간의 뇌가 필요치 않은
준비된 미끄럼틀 위에 선 마음이다

인간의 육신 가장 높은 곳에 구조되어
많이 보고 많이 들을 수 있어
수 억만 년 지구를 지배해 인간은
기계문명에 밀려난 패잔병일 수밖에 없다

첨단 알고리즘이 만들어 낸 문명들이
득실거리는 세상 부릅뜬 감시에서
벌거벗겨진 나의 일상들
밤이 새고 나면 세상 어디쯤 밀려나있을까

잔인한 착각

대청호 소롯길을 걷다가
청량한 소나무 그늘에 쉬려 앉았더니
새 한 마리 푸덕푸덕
솔가지를 분주히 오가며 노래하더라
새 소리가 참 아름답다고 여길 뿐
깃을 푸덕거리는 울음의
의미는 안중에 없다

사람들에게는 새의 울음이
평화로운 자연의 노래로 들릴 뿐이다
시간이 조금씩 지날수록
울음이 점점 다급해지길래
솔가지 난간을 올려다보니
아뿔싸 그것은 노래가 아니었다

부리에 먹이를 물고 그걸 놓칠까 봐
입도 벌리지 못하고 날개를 퍼덕이며
아기 새가 위험할까 저어되어
겁에 질린 어미 새 외침이었다

지금껏 사물의 경계를 살피며 살아왔건만
어미 새의 겁에 질린 울음을 알지 못하고

솔나무 그늘에 콧노래를 흥얼거리는 순간
어미 새는 얼마나 무서움에 떨었을까
새의 울음을 노래로 착각한 게
결국 사람인 나였구나

웃음에도 색깔이 있당께요

워짜까 저 사람이 쪼까 웃는 웃음은
어쩌꼬롬 척척허니 젖어 부런능가

슬퍼도 웃는 우슴은
하얀색 이고만이라

웃었싸트만 행복혀서 웃는 우슴은
푸러브렀어

사랑으로 웃는 웃음은
어메 조것좀 보랑께 온통 핑크빛 이랑께요

어메 조 아이들이 웃는 우슴은
흠질도 없이 샛노란 색이네

근디
조기 쪼까 거시기하고 껄쩍직은한
사람들이 웃는 우슴은
깜장색도 아니고 회색이고만이라

내 저승에 가면

이승에 일
내 저승에 가면 낱낱이 고자질 할 거다
부처님이 악을 유기遺棄한다고
부처님은 눈멀고 귀먹었다고
저승에 가면 소리쳐 외칠거다

이승 인간의 행악질들이
선을 넘었는데도
아직도 선악의 심판을 미루고 계시는
예수님은 집무유기를 하고 있다고
내 연옥에 가면 목이 메이도록 외칠거다

테미스 저울이 기울어진 세상
용케 견디며 살아 온 인간들이
저승에 가서도 고발하지 않은 행악질
내 저승에 가면
촘촘 읽고 본 행악질
사흘 밤낮을 걸려서라도
낱낱이 고자질 할 거다

절규

붉게 타는 노을은
어둠의 시작이다
각혈하는 절규는
하늘을 향한 증오이다
심장이 터질 것 같은
오늘 밤도 뭉크의
먹빛 어둠속을 가르는
절규를 끌어안고
꾸역꾸역
찬밥 한 덩이
목구멍에 밀어 넣는다

참회록

너는 거울을 보지 말아라
거울 속에 비췬 비겁한 몰골은
참회의 고백조차 가증스러울 만큼
가난한 약자의 슬픔을 외면한
지독한 이기주의 자였다

신은 너에게 인간으로 생명을 주실 때
가난한 자의 몸짓으로 살으라고
약자의 함성으로 살으라고
정의롭고 바르게 살으라고
일러 주셨건만

눈감고 귀 막은 기만의 세월을 살았구나
참회하거라 선혈을 토해 먹을 갈아
무력한 분노를 세상에 그리거라
게처럼 옆 눈질하며 옆으로 비켜 살던
나약함을 강한 몸짓이 되게
너의 절규가 메아리지게 세상에 쓰거라

하루살이에게 물어봐

절망이 무어냐고
너는 나에게 물었지
글쎄
난 잘 몰라
아마 절망을 가져 본 적이 없나봐

그럼 희망이 무어냐고
너는 나에게 물었지
글쎄
그것도 잘 몰라
희망을 가져 본 적도 없나봐

그냥 나는 나이고
내가 너로써 살 수 없다면
그냥 나로 살아내다가
이겨내기 힘든 어둠이 오거든
하루를 살기위해 최선을 다하는
하루살이가 되어보렴
하루가 그토록 소중한 이유를
알 수도 있을 테니까

화가 날 것 같아서

무기력한 오후
들마루에 누우니
봄 햇살이 눈꺼풀을 짓누른다
무게가 천근
눈을 감으니 세상은 어둠이고
사방이 반딧불이다
왜 이리 현기로운가
지구가 도는지
내가 도는지
하늘이 가는지
구름이 가는지
무너진 무기력한 멘탈
너무 어지러워 실눈을 뜨니
하늘도 벚나무도 반만 보여 좋다
그래서 부처님은 실눈을 뜨셨나
세상을 다 보면 화날 것 같아서

활명수를 마셔야 사는 세상

세상이 헷갈려
아름다운 색깔도 저리 많은데
왜 사람들은 검정에 검정을 섞고
흰색에 흰색만 섞을까
부스러질 영혼들 색깔이 보이지 않잖아

세상을 비추는 저 빛은 허구인가 신기루인가
내가 소망하고 바래 온 생생하고 고운 것들이
갑자기 사라졌어
나는 또 어디에 섞여 있길래 안보이는거야
온통 곤두 선 어둠 때문인가

노방초들은
평화로운 햇살의 집착을
앓고 있는데
타락을 타락으로 지키려는 타락들이
티브이 화면에서 튀어나와 명치에 걸리네
위장이 부르터서 오늘밤도
활명수 한 병 마셔야 잠들 것 같다

흑묘黑猫

재개발로 모두들 떠난 폐가에서
고양이가 서럽게 울고 있다
아직 추위가 덜 녹은 울음이
낡은 담장을 넘어와
애원처럼 내 발길을 붙잡는다

울음을 따라가
손이 닿을 만큼 다가가도
그는 달아나지 않고
배가 고파요 먹을 것 좀 주세요
애원하듯
마알간 시선을 내게 주었다

누군가 버린건지 잃은건지
애시당초 인간과 살기위해
스스로 먹는 법을 배우지 못한 채
폐허의 잔재가 되어
주린 배를 움켜쥐고 울 수밖에 없는
검은 고양이를 바라보며 생각했다
인간을 믿었던 게 잘못이었다고

*흑묘(黑猫): 검은고양이.

제4부

생각하며 걸으며

개나리

아직

이르다고
이르다고

꽃샘 질로 타이르고

겨울이 남겨 둔

눈 어름
듬성 듬성
햇볕도
드뭇 드뭇

찬바람 추웁다고 그리 일렀건만

아우 !
저 자발스러운 악동들
오들오들 떨면서도
앙증스레 고집스레
울 밑 양지녘에
옹기종기 모여앉아

입김 호호 부는 꼴이
말썽꾸러기 아들 놈
어릴 적 모습같다

개나리 꽃

찬바람 가시지 않은 삼월
애동들이 맨발로 나와
담장 밑에 옹기종기 모여앉아
햇볕을 쪼이고 있네요

흡사 빈 가지에 쪼르르 앉아
엄마의 먹이를 기다리는
노오란 부리 아기 새들 같기도 하여
측은히 물었지요
아직 찬바람 가시지 않은 삼월
옷도 입지 못한 얼은 맨 몸인데
무엇이 그리 급해 서둘러 피웠느냐고

풀풀 날리는 눈발들이 흔들어 깨우길래
부스스 눈을 뜨니
살갗도 없는 담벼락
앙상한 잔뼈들이 안쓰러워
산고의 고통을 잊고 싶어 하는
세상 몰래
지워지는 아기 울음들을
그리워 할 것 같아
응애 응애 피워보고 싶었다네요

검정 슈트

올 봄 옷장을 정리하다보니
낡은 검정슈트 한 벌이 걸려있다
외로워도
쓸쓸해도
다정히 이름 한번 불러주지 못했어도
한결같이 내 몸 치수를 기억하는 슈트

부모님을 보내올 때도
죽마고우를 보낼 때도
슬픔을 같이하며
나와 함께
소매 깃으로
눈물을 훔치던 검정 슈트

자글자글 주름지고 색이 바래도록
슈트는 이십 년이 늙었고
나는 유행 나이를 더해
오십 년이 늙었지만
내 아내가 넣어 둔 나프탈렌 내음이
고스란히 배인 반려이기에
올해도 버리지 못하고
옷장 안에 다시 걸어둔다

공휴일

매실 꽃이 지고 나니
왠지 마음이 허전하다
창문을 열고 대문 밖을 보니
누군가 어릿어릿 벨을 누를 것 같아
날 찾는 이 인가 하였더니
앞집 배달 온 택배원이다

골목도 텅 빈 한 낮이 고요하고
뜰에 올려놓은 화분에
제 작년 심어놓은 할미꽃이
고개를 떨구고 꾸벅꾸벅
조는 건지 자는 건지
그렇지 오늘은 공휴일이다
누가 올리도 없는 텅 빈 일요일이다

구절사의 노송

식장산 능선 넘어 고적한 유곡
구절사 비구승 글썽한 염불소리
삼독의 찌든 심사 말갛게 씻겨주니
선계에 든 듯 하여
발등에 묻어간 세속의 때가 차마 부끄러웠오

구절사 뒷켠 우람한 바위가
나한처럼 버티고 선
장엄한 구도는 정토 현신불인데
천년 노송은 웬 부르튼 맨 발인가

아뿔싸 바깥세상이 얼마나 그리웠으면
슬며시 발을 내놓았다가
미쳐 흙 속에 드려놓지 못해서
억겁 세월을 중생이 밟고 지나
구불구불 휘어 피멍이 들었구려

혹여 구절사에 가시려거든
양말 몇 켤레 들고 가서
바람이 수런대는 세상 이야기
아직도 세상 밖이 궁금해서
목을 빼는 노송에게 신겨주고

넌지시 일러주오
바깥세상은 천국이 아니라고..

귀의 歸依

세상 만물은 영원한 것이
없음을 알면서도
소멸과 생성이
자연 섭리인 줄 알면서도
죽음은 서럽기만 하더라

엊그제 고우古友의 한줌 분골을
소나무 아래에 뿌리고 나서
꺼억꺼억 슬픔을 삼키며
시립 수목장지를 내려오다
도랑가 너럭바위에 걸터앉아
노송 끝에 걸려있는 구름 한점 펼쳐놓고
人生 두 글자를 그렸더니
여백은 시작도 끝도 없는 우주더라

온 곳도 갈 곳도 모른 채
우주에 흩 뿌려진 분진같은 인생인데
어찌 이토록 무상함이 서럽고
마음은 이다지 공허롭단 말이냐
친구여
우리가 살아 온 세상은 도원이 아니었으니
너무 슬퍼도 말고 뒤돌아보지도 말고
우주로 귀의하여 별이나 되어봄세

그리운 사람

창문을 열어두면
새가 되어 날아올까
달빛 되어 찰랑일까
세상이 잠들면 별이 되어
찾아줄까
하늘나라가 얼마나 멀 길래
한번 가면 못 오시나
행여 오시다가 자식놈 집 못 찾을까
큼직하게 문패 새겨 대문에 걸어놓고
발자국 소리 들릴까
초인종 누르실까
귀를 세우고 기다려 보는
울 엄니 보고싶은 밤

그리워서 그립다

살아 온 세월만큼
그리움도 자라서
슬플 때나
즐거울 때나
고달플 때에도
보고파서 그립고
다시 못 봐 그립고
그리워서 그립다

꽃 피는 봄이 오면
어머니가 그립고
낙엽이 흩날리면
아버지가 그립다

내 살아보니
어버이 마음 알겠더라
생전에 불효한 게
보고픔으로 변해서
날마다 철마다
보고 싶어 그립다

누님의 짝사랑

부엌에서 저녁밥 짓던 누님이
눈두덩이 벌거내져 가지고
뒤안으로 나오더니
행주치마로 눈시울 훔치며
이 넘에 솔 갱지 연기가
어째 요로코롬 맵다냐

근디 청솔 갱지 때문 아닌 것 같은디
며칠 전
군대 간다고 까까머리 하고 와서는
엄니한테 큰절 하던 이웃 성님 때문에
가심 시려서 저녁밥 지으며
훌쩍 거리리다가
청솔 갱지 탓을 하던 누님이
벌써 고희를 훌쩍 넘겨 백발이라니

두어 시간 만이라도

하늘빛을 적신 햇살이
비단결처럼 반짝이는 대청호
쪽빛 평화가 너무 부럽다

호수를 비켜 누운 산줄기
굽이굽이 길을 만들고
무성한 갈대 잎이 허공을 더듬어
이정표가 되어주는
대청호 오백 리

분주한 세상 일 잊고 싶거든
작은 보폭으로
오백 리 둘레 길 천천히 걷다가
둔치에 올라보겠다고 끊임없이
달려와 부딪치고 부서지는
호수 물결 어리석음을 보렴

자로 잴 수도 없는 세상사로
가끔 이마가 펄펄 끓을 때는
명상 정원 벤치에 누워
생각이란 생각은 다 내려놓고
소리란 소리는 다 닫아걸고

한 두어 시간 죽어보렴

막소주와 한라산 담배

오늘은
출근 길 발걸음이 가볍다
두둑하게 충전 된 교통카드가
마음 든든하고
아내가 넣어 준 푸른 지폐 몇 장이
부자라고 소리치니
아껴 쓰라는 잔소리도 세레나데로 들린다

퇴근길 인심 좋은 할머니 포장집에 들러
머릿속으로 계산기를 돌리지 않아도
넉넉히 소주 몇 잔 마실 수 있고
동료들에게 믹서 커피 한 잔씩
돌려 마셔도 좋을 소확행

사랑하는 아들 딸아
먼 훗날
내 무덤을 찾아오려거든
한라산 한 갑 진로 소주 한 병만
무덤 앞에 놓아다오
담배 몇 개비 소주 몇 잔이면
가난한 샐러리맨 시름을 잊고
마음이 부자였던 아버지였단다

향수鄕愁

코끝 시린 꽃샘바람 마다 않고
산수유 꽃 곱게 피는 시냇가
징검다리 건너고
산모롱이 구비 돌아
내 자란 고향 장님의 손으로
아득함을 더듬어 찾아 왔는데

왜 이리 산천이 낯설으냐
고샅길 재잘대던 동무들 간 곳도 없고
뜰 마루에 조울던 백발 쪽진 아낙도
오두막 사리문 가죽나무 그늘에서
오수를 즐기던 삽사리도 간데없네

흙담길 고적하고
찌그러진 오두막 잡초만 무성한데
왕대나무 우거진 뒤뜰 장독대
봉숭아 한 떨기가 곱게 피워
어린 누이처럼 날 반기네

텅 빈 고향 하도 쓸쓸해서
비탈밭에 잠드신 아버지를 찾아가
무덤가에 누워

아득한 추억을 뜬 구름과 가다가
그렁그렁 눈물 젖어 잠이 들었네

머지않아 우리는

사람은 자연이 아니던가
머지않아 우리는
대수롭지 않게 꺾었던 풀 한 포기가
얼마나 소중했던가를 알 때가 온다

머지않아 우리는
지하수 뽑아 무심히 쓰고 버렸던 물도
오염되고 고갈되어
이슬방울 하나가 생명일 때가 온다

머지않아 우리는
흙먼지 투성이 공기 때문에
숨을 쉴 수가 없어
가슴을 움켜쥐며 죽어 갈 때가 온다

아주 오래전부터
지구는 병을 앓고 있는데도
무심히 지나쳤던 우리가
죄인임을 깨닫고
가슴 치며 통곡 할 때가 온다

무엇이 될꼬 하니

어느 고요한 밤
내 숨이 뚜욱 떨어져
육신이 다비에 던져지고
한줌 재 되어 흙밭에 뿌려지면
언제 왔다 갔는지도 모르게
사람들 기억에서 잊혀지리
다행이 영혼이라도 있어
다시 환생 할 수 있다면
심심산골 노송 홀씨가 되어
바람 빌려 훨훨 날다가
구석진 산골 오두막에 내려서
바람처럼 구름처럼
안빈낙도 하면서
근심걱정 하나 없는 무소유로 살아보리

꼬마물떼새가 떠났다

이제 우리는
빛의 속도로 세상을 뒤 엎은
문명의 이기를 편리를
더 이상 환호해서는 안된다

강의 흐름을 보라
누가 무엇이 강물의 맑은 노래를
잃게 하였는가
덕지덕지 낀 문명의 오물들
강물이 신음하며 죽어가고 있다

용용히 흐르던 강물
수면 아래로 햇살이 스며들어
쉬리 피라미 모래무지 쏘가리가
무진장 모여 살던 강이었고
꼬마물떼새가 몽돌을 닮은 알을 낳던 강이었다

다슬기 잡고 천렵을 즐기던
동무들도 떠나고 물떼새도 떠나고
퍼렇게 이끼 낀 자갈돌이
낯설다 낯설어서 슬프다

뭍에 오르지 말거라
－대청호수를 바라보다가

어젯밤에 내려 온 별들과
조각달이 곤히 잠들라고
물결을 멈추고 고요하더니
뭍에 오를 욕망으로 새벽잠을 깼구나
쉼 없이 물결로 달려 와 부딪고 깨지면서
올라야 할 만큼 뭍은 아름다운 세상이 아니란다

뭍에 오르지 말거라
네가 물고기를 포용 하듯
지상은 사람을 포용하지 않는다
그어진 선을 따라 북적대는 자동차
삼색등에 복종해야 하는 사람들
딱딱한 콘크리트 위의 삶은
자유가 문명에 지배된 세상이란다

네가 동경하는 지상은 천국이 아니니
하늘빛을 닮은 쪽빛으로 살거라
산 능선 엎드려
맑은 거울에 비추니 제 모습 알고
네가 얼마나 넓고 깊어 저 넓은
하늘을 품는지 물오리 자맥질하고
너비를 재어도 그 끝을 모르는

포용을 침묵하는 너의 평화가
뭍에 사는 나는 얼마나 부러운지

보릿고개

아들아
너는 보릿고개를 아느냐
아빠 어릴 적에 먹을 양식이 없어
굶주리고 허기졌던
시절이 있었단다 하였더니
쌀이 없으면 라면 먹으면 되지
그 대답이 참 순수하고 귀여웠지

아들아
아빠 어린 시절에는
겨울을 나면
먹을 게 없어서
보리익기를 기다렸던 삼사월
시기를 보릿고개라 하였고
배고픈 설움이 하도 서러워
눈물고개라 하였단다

학교에서 나눠주는
노란 옥수수 개떡 한 덩이로
허기를 메웠던 그 시절
눈물 젖은 빵을 다 먹지 못하고
배고픈 누이 생각에

잡기장 한 장을 뜯어 돌돌 싸가지고
집으로 가지고 왔단다

이제 그 시절 그때
배고픈 보릿고개는 전설이 되고
허기를 메꾸던 묵나물죽 풋 보리밥은
건강 먹거리가 되었구나

봄의 몸짓

먼 산 능선에 아지랑이
아물아물

연노랑 햇살은
남실남실

우리 할매 보리밭 창공에는
종달이 노랫소리
종종종

창공에 솟구쳐 노래 부르다
지친 날개를 접고
휘리릭 털썩

떨어진 종달이 찾겠다고
세 살배기 누이는
아장아장 쪼로록

눈 녹은 실개천 돌돌돌
하얀 눈 비비며 잠을 깨는 버들강아지
부시시

내 어린 봄의 기억들
여릿여릿
봄은 그렇게 다양한 몸짓으로 왔답니다

살아 있다는 것

까망머리 여린 소년이
머리가 빠지고 주름살 늘어진
늙으니가 되어
역할 없는 인생이 서러워
남은 시간을 세여 보다가
역할을 연기했던 시절이 그리워
걸어 온 먼 길 돌아보고
회한의 눈물 짖다가
화들짝 놀라네

아무것도 할 게 없어서
그냥 죽은 늙으니라 생각하다가
역할이 남아있음을 발견하고
사람은 숨이 멎을 때까지
역할이 끝날 수 없음을 알았네

흙으로 돌아 갈 때야
비로소 역할을 내려놓는 것
문득 깨여 난 새벽
내가 자는 동안에 흘려버린 세월도
어제 죽은이가
소중하게 그리던 내일이기에

객사한 유골을 묻어주는 매골승도
죽음보다 살아있음이
좋은거라 하였다네

비단강 천리*

아주 오랜 옛날
포부를 품은 영웅이
새 세상을 열고자 신무산에 올라
제단 쌓고 기도하니
봉황이 날아올라 계시한 곳에
뜬봉샘 물길이 세상을 향하더라

졸졸 작은 개울이렸더니
내를 이루고 적벽을 휘돌아
굽이도는 강물이 비단을 깔아 놓은 듯 하여
금강이라 이르니
그 길이가 천리더라

비단강 물길마다
인심 좋고 풍광 좋아
내 고향 금산은 인삼향기 그윽하니
청담도 감개어려 꿀이 흐르는 땅이라네

*비단강 천리: 금강(錦江).

세월이 물이라면

세월이
유수라고 누가 말했던가
세월은 지치지도 않는지
쉼없이 달음질 하네
아무리 먹어도
배도 부르지 않은 세월
어찌 포만도 없는지
차라리 세월이 물이라면
둑을 쌓아 막아놓고
천천히 필요한 만큼만
흐르게 했으면

수중문답
―대청호수

호수에 빠진 낮달이 무어라 하던
캄캄한 어둠속에 길 잃은 사람이
얼마나 절망이고 무서울지
길을 잃고 헤매다 호수에 빠져보니
그 마음 알겠더라 합디다

낚시 줄 드리우고 미동없는 사내는
무어라 하던
세상에 부는 바람이란 바람은
모두 걷어들고
생각이란 생각은 죄다 닫아걸고
한 대 여섯 시간만이라도
세상 일 모조리 잊고 싶다 합디다

물결은 왜 그리도 달려와
둔치에 부딪고 부서진다 하던
시끄러운 세상이 하도 궁금하길래
뭍에 올라가 보렸더니
세상벽이 너무 높아
아무리 달려와도 오를 수가 없어
하얗게 지쳐 누워 잠이 든다 합디다

개나리 꽃

찬바람 가시지 않은 삼월
애동들이 맨발로 나와
담장 밑에 옹기종기 모여앉아
햇볕을 쪼이고 있네요

흡사 빈 가지에 쪼르르 앉아
엄마의 먹이를 기다리는
노오란 부리 아기 새들 같기도 하여
측은히 물었지요
아직 찬바람 가시지 않은 삼월
옷도 입지 못한 얼은 맨 몸인데
무엇이 그리 급해 서둘러 피웠느냐고

풀풀 날리는 눈발들이 흔들어 깨우길래
부스스 눈을 뜨니
살갗도 없는 담벼락
앙상한 잔뼈들이 안쓰러워
산고의 고통을 잊고 싶어 하는
세상 몰래
지워지는 아기 울음들을
그리워 할 것 같아
응애 응애 피워보고 싶었디네요

시인의 새

오늘도 늦잠 든
나를 깨우는 소리가 있다
뒷뜰 창가에
기대 선 배롱나무 나무에 앉아
지저귀는 새
새벽잠도 없이 일찌감치 찾아와
나를 깨우는 새
가끔은 시 한자락 읊어주고 가는 새
언제나 부부가 함께 와서는
나의 곤한 잠을 깨워놓고 가는 새
시끄러워도 고마운 새
언젠가 너는 배롱나무가 싫증이 나서
떠나겠지만
나는 늘 여기에 남아
너의 노래로 잠을 깨는 새벽이 되겠지

아버지 기일

계절이 걸어가며
낙엽 밟는 소리가 을씨년스런 시월

몰래 창문을 넘어 온 햇살이
침실바닥에 누워 오수를 즐기는 정오

앰뷸런스가 요란하게 사이렌을 울리며
지나간 골목이 내 오랜 통증이다

아버지는 119 앰뷸런스를 타고
낙엽길을 달려가신 후 돌아오시지 않았다

호되게 명치를 얻어맞은 듯
메이게 아버지가 생각나는 날

아버지와 작별을 준비 할 시간도 없이
앰뷸런스를 타고 떠나신 기일이다

아버지를 찾아간다

나는 아버지를 미워했었다
무능하고 가난한 아버지가
싫었다
내가 아버지가 되어 나이를 먹으니
아버지 생전 삶이 아파지기 시작했다
등짝에 땀 마를 날 없이
살아오신 아버지는
끝내 가난을 떨구지 못하고
비탈 밭에 잠이 드셨다
아버지보다 많이 배우고
좋은 세상에 살아가면서도
가난을 밀어내지 못한 나를
훗날 자식들은 뭐라고 할까
나는 아버지를 미워한 게 죄스러워
사죄를 드리려고
빗물 젖은 풀잎을 휘적휘적 제치며
비탈밭 아버지를 찾아간다

옛 친구

서로 카톡이나 주고받으며
살자는건가
동구 밖 냇가에 맨발 담그고
조잘대던 그 시절은 다 헛것인가

잊고 사는 동안
밤새 쓰다가 찢어버린 편지
기억만 더듬거리다 죽어야 되는가

아무런 감정도 없이
아무 곳에서나 손가락으로
톡톡 때려 보내는 소식에도
목말라 하면서
정이 마른 삶이 아니라 할 텐가

서로 그립고 못 잊는 듯 한데
손가락 걸었던 시냇가
버드나무 꼭대기 뭉게구름
저리 피어오르고
왕매미는
아직도 저리 목청 높여 노래하는데

옹기 항아리

그 많은 세월 비바람도
용케 견뎌주었구나
손때 묻은 빗살무늬 표피에서
오랜 세월 흘러간
울 어머니 생애를 본다

배불뚝이 항아리에서
빛바랜 역사를 읽어주는 댓잎소리
귀 익어 낯설지 않은데
뒤란 하얀 억새 풀 숲에서는
울 어머니 한숨소리가 난다

시집살이 고될 때 눈물 짖던 장독대
긴긴 사월 보릿고개 자식들 끼니 걱정
남 몰래 한숨 지며 등 기대던 장독대
평생 씻고 닦던 항아리에
빛바랜 전설들만 가득 담겨있구나

웃고 살자

퇴직금은 평생에 한번
년급은 일 년에 한번
월급은 한 달에 한번
그래서 난
일급이 좋다
매일 웃을 수 있으니까

있었는데 없다

있었는데
분명 있었는데
고샅길도 흙담 너머에도
있었는데 없다
초가 오두막
목조 이층 저택에도
어디에나 있었는데
갓난아기 울음소리가 없다

골목길 시끌벅적하던
악동들 장난소리가 없다
분명 있었는데 없다

울음소리
웃음소리가 배인 사람이 살던
모든 것이 결핍했던 그 시절이
차라리 그리워진다

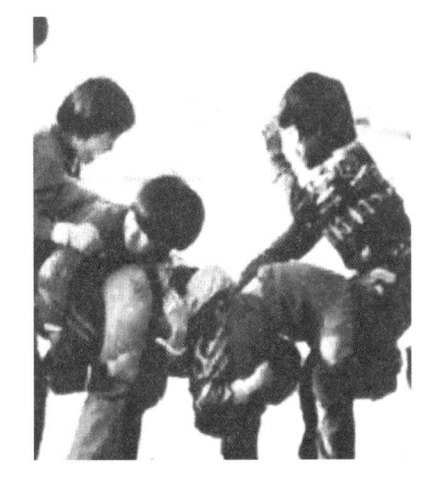

좋은 친구

고적한 오솔길 산책하다가도
문득 생각나는 사람
기쁜 일은 얼른 전하고 푼
허물없고 마음 다정한 사람
맛있는 음식을 보면
전화해서 불러내고 싶은 사람
무엇을 하는 사람으로 기억되는 게 아니라
앞서거나 뒤서지 않고
보폭을 맞춰 걸어줄 수 있는
평범하고 포근한 사람
밤늦도록 생각 키워도 지치지 않을
가슴 따뜻한 사람
카톡카톡 알림 소리가
귀찮지 않은 몹시 반가운 사람
매일매일 안부전화를 하고 싶은
당신은 좋은 친구

애마*

출근길
자동차 시동을 걸어놓고
본넷을 어루만졌다
오늘 하루도
잘 부탁 한다고
그 나이 먹도록
때로는 숨 가빠 헐떡이고
관절이 삐거덕 거려도
잘 달려주고
때로는 부들부들 떨면서도
멈추어 서지 않고
앓아눕지도 못하고
내 아내처럼
함께 해줘서 고맙다고
그래서
널 사랑한다고

*애마: 자동차.

참 좋은 기억

사랑보다
오래 기억되는 것은
무엇인가 지극히 어려울 때
누군가에 받은 은혜
그 고마운 마음이
아주 오래 기억 된다지요

그러기에 사람은
힘들고 어려울 때
누군가의 진정어린 한 마디로 위로받고
용기 얻어 어려움을 딛고
홀로서기가 됐을 때
평생 잊혀지지 않는 기억이 된답니다

은혜는 댓가가 없는 순수한 공짜이기에
고마움이 기억이 남지만
사랑과 인연은 이기적이라서
댓가를 치러 얻어야
오래 간직하고 싶어진답니다

아버지의 길

이 흙길을 걷는다고
울 아버지 그리움이 가실까
평생을 오르시던 비탈밭 흙길이
오늘따라 내 생을 관통해
가파르게 휘네요

손발이 부르트도록
날선 칼바람 밀어내며
이 길을 오르내렸건만
끝내 가난을 떨구지 못한 아버지는
등지게 자욱이 화석처럼 굳은 채
세상을 뜨셨습니다

아버지가 그리워질 때면
고향 비탈 밭 흙길을
아버지 보폭을 따라 걸어보는
가파르게 휘어진
아버지 생의 길
움푹 파인 발자국에
그렁그렁 눈물이 고입니다

황악산 메아리를 부르다

오늘도 황악산을 오릅니다
가슴이 답답할 때 오릅니다
거기에는 소나무 숲이 있고
솔잎 우거진 정상에 올라
야호 야호
뭉크같이 메아리를 불러댑니다

언제나 반가이 맞아주던
메아리가 대답이 없네요
아뿔싸 어느덧 가을인가 봐요
울긋불긋 단장한 집시들같이
화려한 향연이 끝나고
무복舞服을 벗어
빈 가지에 듬성듬성 걸어놓고
황악산 계곡을 내려가네요

이제 가을이 떠나고 나면
메아리도 떠나고
황악산 꼭대기 가슴 풀어놓던 외침은
윙윙 겨울 비명이 되어
머-언 하늘 끝으로 사라지겠지요
낙엽 속 들꽃처럼 웅크리고 앉아
머나먼 봄을 기다려볼래요

제5부

소중한 것을 잊고 살았습니다

돌아보는 여유

나만 보이고 나만 들을 수 있는 게 있다
그것은 나의 마음이다
마음에 과도한 욕심이 없으면
주위를 돌아보는 여유가 있고
마음이 따뜻한 사람은
볼 수는 없어도 다른 사람에게 온기를 전해준다
사람의 마음은 냉장고와 같아서 가득 채워야
안심이 된다
가득 채운 먹거리는 다 먹을 수가 없어서
결국 버려야한다
처음부터 적당히 채워 놨으면 필요한 만큼만
채워 놨으면 버릴 것이 없었다
뛰는 맥박이 얼마나 소중한지도 모르고
재깍재깍 시계 소리에는 아무런 관심도 없으면서
자꾸만 자신을 지구 밖으로 밀어내는 줄도 모르면서
냉장고는 넘치도록 채워 넣고 만족한 웃음을 웃고 싶은 것이
당신의 마음이라면 과도한 욕심은 아닌지 생각해 볼 일이다

무엇이든 많이 넘치도록 소유하고 싶은 제어 못한
탐욕이 나만 잘 살면 돼 라는 극단적 이기주의를 만든다
인간이 누리고 가지는 물질은 원래부터 존재하거나
필요에 의해서 만들어 진 것들이다 존재하되 내 것이 아니다
만들어진 것들을 규격화하고 도구화해서 사용하다가
제자리에 놓고 가는 것들이다
도구화한 필요의 물질들은 필요한 만큼 사용하면 좋은데
누구나 골고루 사용 할 가치를 지닌 도구들을
다른 사람 몫까지 갖고 소유하고 누리려 하는 탐욕은
인간의 선한 본능을 잃게 하는 필요악인지도 모르겠다
내가 과도하게 다른 사람 몫까지 가져서 주위에 박탈된
불편한 사람은 없는지 한번 따뜻한 마음으로 돌아볼 일이다

말은 미필적 고의가 없다

 탈도 많고 말도 많은 세상 말이 많아 말썽인 세상 아무렇게나 내뱉는 말들로 인해 말썽을 부르는 말은 많아서 말세이고 이래저래 많은 것이 말이다 나를 죽이는 말 나를 살리는 말 알고도 하지 말아야 할 말 갖고 있어도 쓸 수 없는 말 남용해도 좋을 말 아껴야 좋을 말 들어서 기분좋은 말 안들어야 좋은 말 이 갖가지 수많은 말들 중에 당신은 어떻게 말을 골라 쓰는가
 말은 어떤 보석보다 값지고 핵무기보다 무섭고 면도날보다 예리하고 솜사탕보다 달콤하고 용광로보다 뜨겁고 얼음보다 차가운 말은 인류에게 단 일초도 없어서는 안될 소통의 도구임이 틀림없는데 왜 소통을 위해 만들어진 말의 형상인 문자와 문자의 소리인 말로 인해 사람들은 증오하고 분노하고 싸우고 상처받고 아파하고 말 때문에 죽음을 초래할까

 말이면 다 말이냐는 말이 있듯이 말은 하는 사람 성품과 인격에 따라 맑은 샘물이 될 수도 있고 먹어서는 안 될 극약같은 물로 변질될 수도 있다 어느 사회학자는 사회가 행복해 지려면 공기와 언어가 정화되어야 한다고 정의한 바 있다 그런데 인간은 언어를 만들

기는 하였으나 도무지 관리를 못한 탓으로 말이 소통을 넘어서 기형적인 도구로 변질되어 동서고금 문명사를 발전시켜 온 본연의 가치를 상실하고 있다

원래 문자는 인류의 발명품 중에 가장 가치있는 도구이고 언어는 인류를 동물의 영장으로 만들어 준 가장 아름답고 우수한 신의 선물인데 왜 인간은 말로인해 죽고 말로인해 최악의 불행을 초래할까

말이란 쓰는 사람의 인격과 품위에 따라 절박함에 용기와 희망을 주고 황막한 사막에서도 꽃을 피우는 신비를 발휘 하기도 한다

말은 이지적이면서도 부드러우며 냉철하면서도 자애로운 것이니 세상을 뭉개버리고 싶을만큼 분노가 있어도 표출 방법이 사나우면 증오를 낳고 표출방법이 이지적이면 수긍과 굴복을 낳는다

자고로 역지사지라는 말이 있고 말 한마디가 천 냥 빚을 갚는다라는 말의 쓰임과 용도를 정의하고 말의 바른 사용에 경각심을 주고 있다

그렇다고 말을 사용함에 있어 어려움을 토로 할 필요는 없다 지식적이고 논리적인 말을 몰라도 선하고 순수한 마음과 영혼으로 울려나오는 언어는 충분히 아름답고 상대에게 감동을 줄 수 있다는 것이다

매너 있는 말이란 지식이 아니라 사람의 인성에서 나오는 것이니 고운 심성을 지닌 당신으로 인해 사회가 행복해 진다는 사실이다

유학자 한남선생은 일상에서 가장 아름다운 언어는 상대를 칭찬하는 용기라 했고 칭찬은 술(術) 아니고 최고의 미덕이며 칭찬이 인색하면 이기(利己)를 초래한다고 했다

칭찬은 용인술로 좋은 친구를 얻는 수단으로 용서받는 수단으로 무한한 힘을 발휘하는 기적의 수단이라 했다

또한 조크는 좋은 말은 사람의 운명을 바꾸고 국가의 운명을 바꾸며 칭찬이 후한 사람의 죽음은 장의사도 슬퍼한다고 했다 그런데 아이런이 하게도 가장 존경받고 사랑받고 국가를 위해 일하는 우리 현 정치인들이 국민들로부터 멸시받고 혐오의 대상이 되고 있다

왜 그럴까 그것은 바로 말을 잘못 사용한 탓이다 그 사람의 인격에서 울어 나오는 게 말이고 말은 정화되지 않고 사용되면 결국 자신을 망치는 결과를 초래한다

하버드 대학이 아니라 최고의 석학이라 할지라도 말의 사용법을 모르고 말이라고 마구 쓰면 그 말로 인해 상대에게 씻을 수 없는 영원한 상처를 주거나 절망적인 불행에 빠트리거나 급기야 상대를 죽음에 이르게도 한다

정적은 철천지 원수가 아니라 그냥 경쟁자 일 뿐이다 헌데도 상대 정적을 평생 안볼 듯이 입에 담기도 더러운 막말을 마구 쏟아내고 상대의 사생활 가족사까지 들추어 내여 공격한다

국가와 국민을 어떻게 통치해서 행복지수를 높혀 줄 것인가를 내놓고 상대와 다투어야 되는데 그런 정치철학은 간곳없고 상대를 비난하고 폄하하고 모독하는데 더 열을 올리고 있다 내가 상대를 비난하고 모독하면 자신에게 돌아 올 부메랑은 생각하지 않는다 어쩌면 정견 토론이 아니고 나를 알리는 유세도 아니고 막무가내로 누가 더 지독하게 막말로 상대방을 비난하느냐 하는 비난 모독 대회를 하는 것이다

그러나 청중은 판단한다 저런 인성과 철학 도덕심으로 국민을 행복하게 해주는 것은 불가능하다는 것을 직업과 지식이 인성을 만들어주는 것은 아니다 라는 것을 그러므로 그릇된 신념을 가진 자가 권력을 얻으면 인류의 재앙이 된다는 것을 국민은 알고 있다

그러니 말을 하는 혀 밑에 도끼가 들어 있다는 속담이 있듯이 말

은 정확하게 정화하고 쓸모있게 사용하므로 가치가 존중되는 도구이다

역사의 인물로 말을 가장 잘 사용한 정치인은 영국의 디즈데일리와 글래드스톤이라고 한다
두 사람은 당대의 인물이요 또 치열한 정적(政敵)이기도 하면서 후에 많은 일화를 남긴 정치인들이다 당시 사교계에 유명했던 한 여성이 다음과 같이 술회했다

나는 어느 날 이 두 분의 저녁 초대를 각각 받은 적이 있다 글래스톤 수상과 헤어질 때는 그분이 세상에서 제일 현명한 분이라고 생각했고 디즈데일리 수상과 헤어질 때는 내가 영국에서 제일 현명한 여인이라는 것을 깨달았다 이 여인이 회고한 두 사람 중 누가 더 우위일까

멋있고 유식한 말은 모를지라도 상대를 칭찬하고 긍정하는 용기와 습관은 불거진 감정을 정화시키는 상수요 아름다운 마음의 소유자로 존경받게 될 것이다
사람과 사람사이를 오가며 서로의 존재를 인식케하고 생각과 감정을 나누는 보이지 않는 말이 어렵고 복잡한 내면을 지닌 듯 보이는 것은 교만과 편견 아집의 지양이라는 중용이 요구되기 때문인지도 모르겠다
사람은 누구나 자신의 입에서 나오는 말의 제어에는 무력하다고 한다 오감이 자극되는 호기심이 유발되면 말하고 싶은 충동과 욕구를 못 견디는 것이 본능이라 하니 임금님 귀는 당나귀 귀다라고 외쳐버리지만 인내하지 못한 비밀의 폭로가 상대를 파멸에 이르게

할 것이니 비밀을 지켜줘라 이게 말의 올바른 예의이다 비방하지 마라 벽에도 귀가 있고 밤 말은 쥐가 듣고 낮말은 새가 듣는다

비방은 부메랑처럼 본인에게 화가되어 되돌아온다 또 말은 비만에 취약해서 조금만 돌아도 눈덩이처럼 살이 쪄서 엄청난 화근으로 커지니 때로는 인내하고 때로는 삼가고 때로는 침묵하는 것도 지혜가 아닐지 때로는 아름다운 거짓말도 허용해보라

누가 사버린 물건에 대해 물으면 설사 그 물건이 마음에 안 들어도 훌륭한 물건을 샀네요 라고 말해주라

친구가 결혼을 했으면 대단한 미인이라고 말해주라 설사 거짓말일지라도 상대방을 기쁘게 하는 말은 죄악이 아니다라는 탈무드의 지혜이다 따라서 칭찬은 본인에게 허물이 있다해도 그것을 관용받을 수 있는 유일한 방법이며 자신의 의견을 정직하게 개진하되 상대를 이기려 하지 말고 깨닫게 하라

말을 많이 하기보다 들어주는 주는 습관은 대화의 미덕이며 진솔한 벗을 얻는 삶의 지혜이기도 하다

상대가 정견을 말하면 나는 그보다 더 잘할 수 있음을 어필해보라.

못다 쓴 추억 하나 있어

　잡기장에 내 이름 석 자를 적어 보다가 마음 아파한 적이 있을까 부치지 못한 편지를 밤 새워 쓰다가 찢고 손가락을 꼬옥 쥐고 나면 분홍 손톱자국들이 가슴속에 상채기로 남아있을 추억 세월이 흐르고 잠시라도 어느 순간 내가 웃던 모습을 그 사람은 기억할까
　너의 마음을 송두리째 빼앗아 가고 싶었다고 술 취한 마음으로 오물거렸던 절박한 고백을 뿌리친 사람아 그래 사랑은 가볍게 흩어졌지 언약을 걸었던 손가락은 잊혀졌지 진정 풀라토닉 러브란게 존재 하나 몰라
　세월이 지나고 나면 분홍빛 마음들은 돌처럼 굳어진 시간이 되

어 아무렇게나 돌무더기에 버려질 걸

　이제 나는 너를 마음에 두지 않겠다고 너는 내 사람이 아니었으니 나도 네 사람이 아니었다고 우리 둘에게만 존재 할리 없는 사랑을 간직 할리 없는 그저 바람에 부유하다 사라지는 한 조각구름이었다고 그래도 난 누군가의 사랑을 받았던 기억을 간직하기에는 망각의 시간이 더 두렵웠다고 세월이 가면 점점 그리워 질 사람 아직도 저 아득한 하늘 끝 어디에서 한결같이 나를 그리워 할 사람 한번도 만나 본적 없는 아니 그 모습조차 아련한 그래서 더 아픈 그래서 더 그리운 군밤을 좋아 했던 사람 밤이 익는 가을이면 자꾸 떠오르는 사람 그립고 보고파도 잊고 사는 사람

　그러다가 어느 날 우리가 주고 받던 손 편지를 써보고 싶고 모바일 문자라도 몇 줄 날려보고 싶어도 연락처가 없는 사람 아니 이 세상에 아직 살아있을지도 모르는 아득한 기억속에 새겨진 이름이 손끝을 타고 가슴으로 퍼지는 커피향 같은 그리움 일뿐 아무리 그리워하고 생각키워도 연락처를 모르는 사람이면서도 내 청춘 푸른 숲 깊은 곳에 자리하고 있는 사람인 것을 내가 네 이름 잊지 않고 있는데 너는 내 이름을 잊을까

　말수는 적어도 함께 있으면 행복했던 너를 이따끔 던지는 말속에 웃음이 가득했던 너를 아니요 라는 말보다 맞아요가 더 많았던 유쾌한 너에게 내 마음 닿는 곳에 있었다면 예쁜 글씨로 세상에서 가장 아름다운 말과 단어로 손 편지를 써서 보내고픈 살다가 문득 생각나는 사람

　많은 세월이 흐르고 너는 지금 누군가의 아내가 되어 또는 할머니가 되어 살아가고 있겠지만 색바랜 낙엽 같은 마음으로라도 만날 수 있다면 만나서 쌓이고 쌓인 해 묵은 추억을 한아름 들고 와서 커피향 가득 담고 흘러나오는 글래식 음악을 들으면서 아무 말은

없어도 함께 있어서 좋은 그런 시간이 올 수 있다면 오죽이나 좋으리
　오늘도 미디어에 너를 찾는 글을 올려놓고 또 꿈을 꾸어볼까 닿지 않을 손길을 모바일에 그려놓고 커피잔을 만지작거리며 옛 생각에 잠겨 마음은 너와 내가 걷던 성터산 모랭이를 홀로 걸어 본다

소중한 것을 잊고 살았습니다

　평소처럼 아내와 나는 출근 준비를 서두르면서 아침 밥상 앞에 마주 앉았지요 이런 저런 일상적인 이야기를 나누다가 불볕더위에 들일하다 팔십대 할머니가 사망했다는 티브이 보도를 보던 아내가 문득 나에게 물었습니다
　당신 퇴근 하면 바로 에어컨 켜시느냐고?

　나는 노인역량 활용사업 프로그램에 선정되어서 오전 8시 30분에 출근해서 12시 30분에 돌아오거든요
　직장이 20분정도 도보거리라서 운동 겸 걸어서 다니는데 아스빌

트 이면도로로 걸어오다 보면 정말 숨이 턱턱 막힐정도로 덥더군요

　아내의 물음에 전기요금 때문에 안켠다고 하였더니 물끄러미 바라보던 아내가 문득 이런 말을 심각한 어조로 하더군요

　여보 우리가 내년에도 이렇게 밥상 앞에 마주 앉을 수 있다고 보장 할 수 없잖아요 전기료 걱정 하지 말고 켜고 계세요 !

　처음은 그냥 가볍게 들으면서 아우 공자도 못한 말을 당신이 하네 하면서 그냥 웃었지요
　허나 잠시 후 무엇인가 머리를 한방 얻어 맞은 듯 가슴에 여운져 닥아 오는 감동이 있었습니다
　아내의 그 말이 평범한 말인데 왜 이토록 슬프게 들릴까 왜 잠깐의 시차를 두고 전율하며 울려올까 아주 소중한 것을 잃어버린 듯 아니 평범한 일상에서도 잊고 살았던 세월의 흐름을 아내와 내가 늙어가고 있다는 현실을 무의식하며 살았구나
　사람은 누구나 영원할 수 없으니 늙으면 마땅히 신이 갈라놓으리라 무덤덤하고 무의식한 상태에서 소중한 시간들을 잊고 살았다는 생각이 뇌리를 치며 그동안 몽롱했던 꿈길에서 깨워 주는 듯 했습니다
　서로 늙어갈수록 갈라져야 하는 이별이 조금씩 닥아오고 있다는 현실을 까마득히 있고 살았구나 지금 밥상머리 마주앉은 이 순간이 얼마나 축복되고 소중한 시간인지
　나는 왜 그 소중한 촌음들을 잊고 깨닫지 못하고 살았는지 가슴이 시려오면서 슬펐습니다
　소중한 사람이 서로 만나 부부라는 인연을 맺고 둥지를 틀고 새

끼를 낳아 기르고 그래서 인류 보존에 기여하고 그렇게 숭고한 삶을 살아오면서 삶이란 무게에 짓눌려 정작 소중한 것을 잃고 사는 게 인생이 아닐지 싶었습니다

새끼를 낳아 열심히 먹이를 물어다 먹이고 세상을 비상하는 날개 짓을 가르치고 새끼들만의 새로운 둥지를 마련해서 독립시키고 나면 이제 내 할 일 다했다 싶다가도 남은 인생을 살아 갈 노후라는 또 하나의 삶이 기다리고 있지요 이미 에너지를 다 소비하고 늙어가는 육신으로 또 다시 삶이라는 바다를 건너야 하는 과제가 버거워서 아마도 소중한 것을 생각 할 겨를이 없었는지도 모르겠습니다

오늘 아침 아내의 평범한 한 마디가 가슴이 찡하는 울림을 주었듯이 이 순간 반려인 아내와 함께 밥상 앞에 마주앉을 수 있는 시간이 내일은 없을 수도 있기에 순간 순간이 너무나 소중하지 않을까요

늙어 갈수록 사랑하고 아끼고 존중하며 오늘부터 남은 생 하루 하루를 아끼며 살려합니다 덧 없고 속절없이 늙어 가는 몸 언제 문득 짝 하나가 예기치 않게 떠나가면 홀로 남아 외로움과 서러움을 곱씹으며 살아야 한다는 상상을 하면서 아내와의 시간을 아름다운 추억을 하나씩 만드는데 노력하며 살려 합니다

짝 하나가 떠나고 나면 그리워 할 추억 하나쯤 남겨둬야 하잖아요 웬수니 악수니 아웅다웅 하다가 떠난 후 슬퍼한들 무슨 소용일까요

이 글을 읽으시는 독자 여러분 인생은 짧습니다 또 언제 문득 숨을 멈출지 알 수 없는 불확실한 시간을 사는게 인생입니다

하나밖에 없는 내외라는 소중한 인연을 아웅다웅 하지마시고 오늘부터 이별을 준비하며 같이 있는 시간을 아껴보세요

반려를 사랑하세요 삼식이니 웬수니 하는 말을 하기에는 남은

인생이 너무 짧습니다 낡아가는 몸 서로 아껴주세요 기력이 다 할 때까지 내일 문득 덩그런히 혼자 남아 식은 밥알을 고독하게 씹을지 모르잖아요 식탁에 숟가락이 네 개 였는데
   어느 날 두 개가 살아지더니
   두 개만 남았네
   언제까지 숟가락 두 개가 될지
   (식탁에서의 전문)

시는 왜 쓰는가

1. 내면의 표현과 자유
시는 우리 내면 가장 깊은 곳에 있는 감정 생각 경험들을 응축된 언어로 풀어내는 소통의 매개체다

가슴에 응어리진 상처들을 시로써 들어내고 위로받거나 치유받는 경험을 하기도 한다

시는 복잡한 마음을 단순하고 아름다운 형태로 정화하는 힘이 있다

2. 세상과의 소통과 공감대 형성
시는 자기 개인에서 출발하지만 그 보편적 정서는 독자들에게 깊은 공감을 불러 일으킨다

작자는 시를 통해 자기 경험에 연결하며 새로운 의미를 발견하게 된다

이는 시대의 공간을 초월하여 인간 대 인간의 소통을 가능케한다

3. 언어의 미학과 한계의 확장
시는 언어가 지닌 가장 섬세하고 아름다운 표현을 추구한다

시어 하나 하나에 함축된 의미를 부여하며
비유 은유 환유등 상징을 통해 상상력을 자극한다
이는 언어적 한계를 시험 극복하고 새로운 표현의 지평을 여는 창조적인 언어의 예술적 행위이다

4. 찰나의 포착과 영원성 부여

우리의 삶과 생의 환경은 끊임없이 흘러가고 변화를 거듭한다 시는 흐름과 변화를 스치는 감성과 깨달음의 경험을 붙잡아 언어로 박제하여 영원성을 부여하고 시간의 흐름 속에서도 찰나를 창작하여 시대의 트렌드에 영향 받지 않는 문학적 예술의 가치를 지니게 된다

5. 철학적 사유와 존재의 탐구

철학적 논의에 관심이 많은 시는 종종 인간의 존재 삶과 죽음 우주 진리 등 근원적인 질문에 대한 사유를 담아낸다
시인은 시를 통해 자신의 철학을 정립하고
독자에게 함께 삶의 의미를 탐색하도록 이끌어 준다

아픈 향수를 아는가

아득한 곳에서 夢中처럼 다가오는 유년의 추억을 끌어안고 이제 늙어버린 육신을 뒤척이며 가끔은 아픈 속내가 향수로 다가오는 아련한 그리움을 아시는가

밤나무 숲에서 정교하게 걸러진 산바람이 야산 능선을 넘으면 우리 누이 무명 저고리가 고웁게 물들던 꽃들이 피어나고 땀 배인 등에서 모락모락 젖은 김이 피어오르던 아버지 할머니와 다툴 때마다 장독대 항아리를 박박 닦아내던 쪽진 아낙과 지친 허리를 추수리며 얼룩배기 암소가 마을 앞 산모롱이 산그늘을 지고 돌며 송아지를 부르던 해거름 풍경 구릿빛 노을이 내려앉은 강물에서는 은빛으로 튀어 오르던 피라미떼 저녁밥 지은 부엌 묵재에 옥수수 감자 묻어두고 앞마당 가죽나무 가지에 쉼없이 그물을 짜는 왕거미 능란한 손기술에 시선을 놓았다가 옥수수 타는 내음에 화들짝 놀라 부엌으로 달려갔던 유년 빈곤한 오두막 아팠던 유년이지만 그때가 몹시 그리워지네 그려 회푸대를 바른 방바닥 흙내음이 매캐한 황토벽 봉당에 짚명석을 깔고 누워도 별이 총총해서 좋고 모깃불 피워놓고 할머니 옛 이야기 듣다가 스르르 잠이 들던 그때 여름밤이 다시 올까 마는 이 나이에도 가만히 거실 바닥에 누우면 쓸

쓸하게 흐르는 기류 아득하게 흐려진 눈꺼풀 위로 활동사진처럼 스치는 그때 영상들이 꿈꾸듯 몹시도 되돌아가고픈 그리움의 한 쪽이라네 불교 신자라고 스님을 만나면 껌벅 죽던 할머니 손주들 잘 되라고 치성과 불공을 지극정성 드리신 할머니 옴 마니 반메훔 외에 불경 한 줄도 못 읽으시던 까막눈 할머니의 독실한 신앙도 새삼 그립고 뒷산이 거꾸로 누운 물논을 떠다니며 시끄럽게 와글대던 개구리 합창도 다시 듣고 싶고 오두막 추녀 밑에 동글동글 진흙을 뭉쳐다 보금자리 짓던 제비를 기다리는 마음으로 삼월 삼짇날을 보내고 나니 종달이 솟구쳐 노래하던 남쪽 하늘 끝에서 날아오는 제비를 세던 그때 유년의 봄이 너무 너무 그립다네

易地思之의 지혜

 사람들은 미래보다 과거에 더 집착하는 이유가 뭘까 과거는 내가 걸어 온 길이고 체험한 시간이고 희로애락을 확실히 경험하고 극복한 스승이기 때문이고 내가 걸어 온 삶의 모든 것들을 누군가에게 위로받고 보상받고 싶은 심리 일지도 모른다
 반대로 미래는 아직 경험해 보지못한 미지이고 보이지도 않는 상상의 세계이고 불확실한 변화를 가늠 할 수가 없다 열심히 일하면 잘 살게 되겠지 적극 치료하면 불치병이 났겠지
 올 해보다 내년은 좀 더 발전 하겠지 라는 절실한 바램은 미래가 극도로 불안 할 때 나타나는 희망적 자기위로라고나 할까

친구들이 모여 이야기를 나눌 때도 불확실한 미래를 이야기하는 경우는 드믈다 진부한 과거 이야기를 끄집어 내서 자랑하고 우월감을 충족하려 든다 나라를 구한 사람처럼 군대 경험담 어릴적 아름다운 추억담 이라면 좋겠지만 흔히 부모 자식간 부부간 형제 자매간에게서 벌어지는 과거이야기는 결과가 안좋은 방향으로 흐르기 일쑤다 흔히들 부모 기일이나 기타 집안 행사때 모이면 바쁘게 살면서 오랜만에 만났다고 반가운 마음으로 시작하는 술자리가 화근이다

처음은 안부를 묻고 화기애애하게 대화가 진행된다 정치담에서부터 경험담 등등 그렇게 술잔이 몇 순배 돌면 고향 이야기 어릴 적 이야기로 발전하면서 불만을 토로하고 섭섭했느니 네 탓이니 하면서 대화의 톤이 높아지고 형제지간 부모자식간 싸움이 된다 왜 사람들은 현실의 삶도 각박한데 과거까지 끌어안고 힘들어 하는지 왜 이미 지나버린 다시 올 수도 없는 과거에 연연하며 소중한 사람과의 우애마저 과거 속에 묻어버리는 우를 범하는지 생각해 볼 일이다

과거로의 회귀가 더 발전하려는 본능적인 욕구의 의해 환유되는 심리적 다이내믹스 현상이라고 하기에는 심리학자 논리가 불충분하다

이제 과거는 망각에 묻어두자 궁금해서 기대감이 있어서 아름다운 게 바로 미래이고 행복이고 용기이고 희망이다 우리가 사는 현실 불안을 과거에 기대서 아름답게 미화하려 하지말자 아팠던 과거 비굴했던 과거 과거는 과거다 아름다운 추억으로 남겨두자 치욕스런 과거 서러웠던 과거 같은 상처가 되는 과거는 가급적 화제에 올리지 않는 것이 지혜로운 현자의 화법이다

미래는 누구에게나 현실로 다가오는 약속된 경로이다 내다볼 수도 없고 약속할 수도 없는 불확실하고 변화무쌍한 미래는 다소 관념적이지만 그래도 미래를 설계해보고 상상해보고 그 꿈을 가족들과 공유하고 웃고 목마른 캬라반이 신기루를 보고 힘을 얻듯이 보이지 않지만 사막에서 신기루를 보는 가상적 기쁨이라도 만끽해보는 편이 과거로 회기보다 훨씬 좋지 않을까 생각되어진다

누구의 탓이 아닌 과거는 자신을 돌아보는 거울로 충분하다 아름다운 말로 대화를 도모하는 대화법은 대학에서 가르치지 않는다 지식의 탐구는 생존의 도구를 얻기 위한 궁극적 수단이고 인성과 올바른 삶의 상식을 배우려 대학에 시간과 돈을 투자하지 않을 것이고 따뜻한 마음과 아름다운 언어의 구사는 스스로 배워야 한다

어떤 말과 행동에 앞서 가슴과 뇌에 물어 해답을 얻을 수 있는 능력은 독서 뿐이다 쭉정이는 고개를 치켜들지만 잘 익은 곡식은 고개를 숙인다 앎이 깊을수록 겸손해지고 뇌가 가득 찰수록 무게가 느껴진다

이는 독서라는 자기수양과 끊임없이 반성하는 습관에 의해 가장 인간적 배려인 역지사지를 터득하게 될 것이다

뇌는 무한정 집어넣어도 포만이 없다 오래 된 것은 삭제하고 항상 새로운 것을 받아드리기 위해 공간을 마련해 둔다 새로운 정보를 받아드리기 위해 비워둔 공간을 방치하면 퇴색하게 되고 뇌는 본연의 기능을 상실하고 노화가 촉진 된다 한다 뇌를 비워두지 마라 자꾸 일을 시켜라 이게 임상적 조언이다 일을 많이 시킬수록 인지장애(치매)를 겪지 않을지도 모른다

그리고 큰 상처를 주는 것도 가까운 가족이고 큰 힘을 주는 것도 사랑하는 가족이니 가까운 사이일수록 역지사지의 지혜를 수양하자

오지랖의 아니러니

　정부에서 시행하는 노인역량 활용사업에 선정된 나는 2년째 우체국 은행에서 도우미로 봉사하고 있습니다
　처음은 우체국을 찾는 고객들 중 나이드신 어르신들 행동이나 생각들이 납득이 안되어 혼자서 마음의 갈등으로 많이 힘이 들었

지만 다행이도 평생을 서비스 업무로 길들여진 경험이 있기에 갈등과 충돌을 잘 콘트롤하며 도우미 업무에 성의를 다 할 수 있었습니다

　평소에는 그냥 나이들면 늙어가고 또 그렇게 사는게 자연의 섭리라고 생각하며 노인에 대한 생태적 의의를 깊게 생각하지 않았다 그러나 하루 이틀 시일이 지나면서 나이드신 노인들의 애로와 고통 생활고 질병 등이 생생하게 나의 일처럼 다가왔지요

　내가 근무하는 이곳은 지역적 특성으로 장애우와 노인들이 집단을 이루는 아파트 단지 주민 대부분 정부 생계지원금으로 연명 하더라는 겁니다 지원금이 입금되는 날이면 아침 일찍 우체국은행 앞에 장사진을 치지요
　그리고 앞 다퉈 지원금 인출에 혼란을 야기 당장 인출하지 않아도 될 텐데 왜 저렇게 한 푼도 남기지 않고 급히 현금으로 인출할까 궁금 매달 20일 25일면 우체국 은행이 혼잡하다 계리직 주무관들도 정신을 못 차립니다 그래서 한번은 노인 고객분들을 향해 말했지요 당장 급하지 않으면 내일이나 모레 찾으셔도 됩니다 여러분의 지원금은 늦게 찾는다고 없어지지 않아요 하고 외쳤더니 어느 할머니가 조용히 다가와 속삭이듯 일러주더라구요
　선생님 모르시는 말씀 하지마세요 지원금을 늦게 찾거나 통장에 남겨두면 다음 지원금 액수가 깎여요 일을 할 수도 없어요 연 500만원 수입이 입증되면 지원금 전액이 삭감돼요 한 달에 50만원도 안 되는 돈 벌다가 지원금 못받으면 생활이 막막해져요 차라리 놀고 지원금 받는 게 훨씬 낫지요 이게 진짜인가 고개를 갸우뚱 하면서도 아! 그런 문제가!

노인의 진지한 말씀에 반신반의 할 수밖에 없더라구요

그분들에게는 한 달에 한 번씩 지급되는 생계지원금이 생명줄인 것은 두말 할 나위가 없는데도 그들을 불안하게 하는 지원금 정책이 아니러니 하였지요 그리고 70세 이상 여성 노인들은 한글을 모르는 분들도 있었지요 돈을 입·출금 할 때 전표를 써서 내야 하는 제도가 할머니들에게는 높다란 벽이 되더라구요 글을 모른다는게 할머니들에게는 수치고 아픔이고 극도의 불편 선뜻 도와줄까요 하기에도 할머니의 수치심 자존심에 누가 될까봐 조심스러웠습니다 그래서 나는 항상 이렇게 의중을 살폈지요 할머니 연세드시니 눈이 잘 안보이시지요 제가 도와드려도 되겠습니까 고맙다 하시면서 기꺼이 도움을 받는 분이 계시는가 하면 망설이거나 자리를 뜨는 분들도 계시었습니다 그냥 수치감 때문에 그러시려니 했는데 후에 알고보니 혹시나 하는 불신 때문있다는 것을 알고 난 후에 할머니 고객들께 일러주었지요

괜찮아요 제가 여기에 도우미로 파견될 때 범죄 신상 조회를 마치고 옵니다 안심하시고 어려움이 있으시면 도움 요청을 하세요 어려우실 때 도움 요청은 당연한 권리입니다 여러분들을 도와주라고 여기에 파견된 사람입니다 하고 인지를 시켜주기도 했습니다

더욱이 ATM 사용은 노인분들에게 더욱 어렵고 또 기계를 믿지 못하는 심리적 불안도 작용하니 연세가 높으신 분들은 도장과 통장을 가지고 금융거래 외엔 불안해 하였습니다 효율과 편리를 위해 만들어진 기계 편리를 배우지 못한 할머니 할아버지들에게는 첨단과학이 무용지물뿐입니다 보이스피싱을 방지하기 위한 신분증제시 본인 확인 규칙도 다 불편 할 뿐 거래 안전을 위한 조치라고

설명을 해줘도 막무가내로 나는 그런거 모른다며 역정을 내시는 분들도 비일비재 하더라구요

　우리사회 노인 문제가 참 심각하다는 생각이 들었습니다 지금부터라도 시대와 문화 문명의 교육과 계몽이 절실하다는 생각이 들었지요

　또 하나 이해하기에 어려운 게 있습니다 관리비 공과금등 고지서가 나오면 고지서를 받는 즉시 납부하러 오십니다 기일 안에만 납부하면 되는데 납기일이 아직 많이 남았으니 천천히 내도 돼요 해도 고집 알고보니 이유가 있었습니다 첫째 이유는 세금이 체납되면 지원금을 안준다고 하더라구요 그럴 리가 나는 고개를 갸우뚱 그리고 두 번째는 바로 내지 않으면 잃어버려서 본의 아니게 체납이 되어 연체료를 물거나 심하면 전기 가스등이 끊어진다고 하더라구요 긍정

　또 하나는 노인들을 상대로 사기성 건강식품 판매 하는 양심불량 건강 기능식품 심지어 핸드폰까지 주문도 안했는데 배달되어 왔다고 걱정을 하시며 해결방법을 질문하러 오십니다 전화가 와서 전화 받은 사실밖에 없는데 또 몇 개월분이 공짜라고 현혹해서 물품을 보내고 대금을 요구하는 사기판매가 노인들을 울리고 있더라구요

　노인들을 상대로 질병치료의 특효약이라고 현혹해서 건강 기능식품 고가로 판매하는 사람들 한 번쯤 생각해 보시기를

　이런 저런 노인들의 애로를 도와주다보면 3시간이 짧지만 그래도 나의 미력으로나마 사회약자를 도와줄 수 있다는 보람으로 매일 매일 가슴이 뿌듯하다

입영하던 날

　내 나이 스무 살 때 무슨 충신이라도 되는 냥 국가를 위해 이 한 몸 기꺼이 받치겠노라고 의기냥냥 어깨를 들먹이는 부모님을 뒤로 하고 입영 열차에 몸을 실었다
　군생활이 빡세다고 선배들한테 귀가 닳도록 들었지만 겁내거나 두려워하지 않았다
　다른 선배들도 잘들 견디며 의무를 다했는데 나라고 못할손가 충성이란 단어에 긍정의 뜻으로 고개를 두어번 끄덕이고 차창을 내다 봤다 전봇대가 달리고 산과들이 달리고 강물이 달리고 나는 그냥 제자리에 멈춰 있는 듯 했다
　아니 멈춰줬으면 은근이 바라는 심사는 또 무엇인가 부대가 가까워질수록 새록새록 피어오르는 불안 초조 여친과 이별 여행을 갔을 때도 이렇게 마음이 무겁지 않았는데 문득 부모님 생각이 났다 누구는 아빠 찬스로 병역의무를 면제받고 누구는 질병을 빙자해서 병역을 면제받고 어느 종교는 교리 신념이라해서 현역입영을 면제받고 이런 저런 티브이 보도를 볼 때마다 분노를 자아냈던 나였다
　권력도 금력도 가진 게 없어 사랑하는 아들에게 찬스를 주지 못

하는 아버지는 무력함을 원망하며 억지로 미소를 보이셨으리라
　오롯이 하나의 삶을 위해 장정이 되어가는 아들을 위안삼아 중년을 훌쩍 넘기신 아버지 일상들이 노곤하게 다가온다 박탈의 고통과 불의의 인내에 길들여진 의식의 바다를 주먹을 움켜쥐고 헤엄쳐 왔던 나의 성장기 그래서 무엇보다도 공정과 평등 정의를 피를 토하듯 외치고 갈망했지 않은가
　나는 지금 내가 갈망했던 정의를 평등을 실현하려 가고있다 내 아버지가 내 어머니가 그저 평범한 분들이지만 나는 나의 부모님이 자랑스럽다 나를 낳아 이 세상에 존재케 해주시고 사랑으로 길러주시고 불의와 타협하는 법을 가르쳐 주시지 않은 부모님 숭고한 뜻에 감사드리며 청춘의 일부분을 국가에 받치리라

저를 알아보시다니요

　어머니가 세 살짜리 어린아이가 되셨습니다 기억의 조각들이 하나 둘 지워지면서 어머니 평생의 삶의 기억도 추억도 하얗게 바래어갑니다 육십년을 아웅다웅 살아오신 아버지도 지워지고 급기야 당신의 나이도 이름도 지워졌습니다
　이 몹쓸 지우개는 얼마나 지독한 성질을 지녔길래 한 사람 일생의 희로애락 모든 삶들의 기억을 이렇게 인정사정없이 깡그리 지

워버립니까
 당신이 누군지도 모르게 말입니다 한 평생 걱정을 놓지못 하시고 당신의 삶의 전부였던 자식들 이름도 나이도 모습도 다 지워져 버리셨습니다
 이제 세 살짜리 아이가 되신 어머니는 본능적인 먹는 것 아무리 배가 불러도 배고프다 먹을 걸 달라고 칭얼대십니다 새 하얀 백지가 되신 어머니 기억을 대신 읽어내야 하는 저의 가슴은 늘 비가 내렸지요
 그런데 어느 날 어머니가 문득 나의 이름을 부르셨습니다 화들짝 놀라서 되물었지요 엄마 다시 한번 불러봐요 제가 누구인지 생각나셨어요
 어머니가 엷은 미소를 지으시더니 그럼 우리 둘째지 아! 저를 알아보시다니요 깡그리 지워진 줄 알았던 엄마 기억에서 유일하게 저의 이름을 남겨 두셨다니요 평생를 안쓰러 하시더니 몹쓸 지우개가 지우지 못하게 육신 곳곳에 새겨두시다니요
 기쁨 고마움 충격으로 가슴에 내리던 비가 멈추던 고요한 어느 날 밤 주무시는 듯 하늘 나라로 별이 되어 떠나셨습니다
 한 자락 나의 이름을 꼬옥 간직하고 떠나신 엄마별을 오늘 밤도 서재에 맞아드리고 그리움의 시를 씁니다
 이 세상 모든 엄마 별들을 찬양하면서 하늘나라에서는 엄마 기억이 별빛처럼 영롱하기를….
 엄마
 당신은 평생의 모든 기억을 다 잊으셨으면서 오직 이놈의 말썽쟁이 불효자식 이름을 꼬옥 품으시고 가시는군요
 언제쯤 철이 들거냐며 성화가 아닌 사랑의 말씀으로 회초리를 치시던 엄마가 오늘밤 유난히도 그리워집니다

밤마다 제 침실 창문을 기웃대던 별 하나 바로 어머니 모습인 듯 이 못난 자식을 걱정하시는 어머니 별을 창문을 열어 제치고 어머니 따스한 입김처럼 맞아드립니다

그리고 이 시를 씁니다 구름이 가리어도 구름 속에서 엄동설한 마다않고 일년 내내 고희의 자식을 걱정하시는 엄마 별

친구 문상을 다녀와서

　얼마 전까지만 해도 멀쩡했던 친구의 부고를 받고 깜짝 놀랐다 며칠 카톡이 없어 궁금했는데 갑자기 죽음이라니 이게 웬 날벼락 치는 소리인가 사람은 살았다 할게 아니구나 이별을 준비 할 사이도 없이 잠자다가 떠나고 가족이 슬퍼 할 겨를도 없이 화장장으로 가서 한줌의 재가 되는 죽음이란 영원한 이별을 준비도 못하고 떠났단다 원인은 심장마비 혼자서 가슴을 움켜쥐고 고통을 견디다
　세상을 떠나야하는 인간의 생이라는 게 너무 하잘것없는 것인

것을 우리는 왜 죽음이라는 것을 필연적으로 맞이해야하는 운명을 지고 살면서도 죽음을 의식하지 못하고 생이 영원한 것인 것처럼 생을 아끼지 않고 소중히 여기지않고 함부로 낭비하며 살다가 갑자기 허무한 죽음 앞에서 아무런 저항도 못하고 영원한 이별을 속절없이 받아드려야 하는지 인간의 우매함인가 아님 삶의 족쇄인가

　세상을 논하고 비판하고 즐거워하면서 함께 소주를 마시고 넋두리를 풀어놓던 친구 불공평한 세상을 한탄하며 자식들 장래를 함께 걱정했던 친구 어쩌면 내 가족 보다도 나의 속내를 더 잘 알고 이해 해줬던 친구 포장집에서 꼼장어 한 접시 구워놓고 슬픔과 기쁨을 같이 나눴던 마지막 절친이 떠나다니 이제 나는 누구와 카톡을 주고 받고 누구와 희·비를 나눌거나

　아-아 왜 이리 마음이 허전하냐 꽃도 피면 시들고 황혼이 지면 어둠이 오고 단풍이 물들면 엄동설한이 오는 게 자연의 이치건만 왜 청춘의 시듦이 서럽고 황혼녘이 못 견디게 고독한가 백년을 산다해도 무성한 초목도 여름 한철이고 아름다움도 화무십일홍 인데

　시들어 지고나면 낙엽 되어 북망산 유곡에 흩날릴 것을 친구여 너도 나도 삶이란 사슬에 얽매여 봄도 여름도 허무히 보내고 마지막 고우를 한줌 분골로 보내고 슬픔이 붉게 타는 석양에 허이허이 손수건을 흔든다

콜라보 삶이란

나도 내가 싫을 때가 있는데 어떻게 다른 사람이 나의 모든 것을 좋아하길 바라는가 우선 내가 홀로 서야 장점이 부각되고 둘이 가능하다 발레리나도 홀로서기가 가능해야 프리 마돈나가 가능하듯이…… 그러니 인간관계에서 좋아 하기보다는 예뻐 보이는 것이 그 관계가 오래 지속 될 것이며 혼자 서기란 내가 안좋은 상황에 처했을 때 나를 위로하고 믿어주는 사람이 있는가이다

내가 잘 나가고 성공 가두를 달릴 때 진정한 친구를 구분하기 어렵다 내가 어려워 졌을 때 진정한 친구가 보인다 그래서 홀로 서기란 화이부동(和而不同)라 했던가

세상에는 좋은 말보다 더 큰 선물은 없으니 평가와 칭찬을 구분하고 수직적인 언어를 지양해야 비로소 복잡한 인간관계에서 홀로 서도 무난한 관계 회복이 되어 그늘이 형성되고 그 그늘로 사람들이 삶의 진땀을 식히려 모여들 것이다 오월동주(吳越同舟)란 말이 있다 때로는 싫어도 한 배를 탔으니 무사히 항해를 할려면 서로 협조 할 수밖에 없다는 뜻이다

우리는 가끔 맞지 않은 사람들과 콜라보를 해야만 할 때가 있다 나는 싫은 사람과 도저히 일을 같이 할 수 없다고 뿌리치면 결국 홀

로 서기에 실패하는 것이다

　홀로 서기란 싫어도 어떤 일에 성공을 위해서라면 성의를 다 해야 결국 나의 홀로서기가 준비되는 것이다 홀로 서기란 혼자 살아간다는 의미가 아니다 홀로서기가 완벽 할 때 누구의 도움을 받는 사람이 아니라

　도움을 주는 한그루 무성한 나무로 그늘이 될 수 있다

들꽃시인의 인생 시와 수필

벽창에 뜬 별들의 노래

초판 인쇄 2025년 10월 15일
초판 발행 2025년 10월 20일

지은이 양종영
펴낸이 강신용
펴낸곳 문경출판사
주 소 34623 대전광역시 동구 태전로 70-9 (삼성동)
전 화 (042) 221-9668~9, 254-9668
팩 스 (042) 256-6096
E-mail mun9668@hanmail.net
등록번호 제 사 113

ⓒ 양종영, 2025

ISBN 978-89-7846-882-4 03810

값 12,000원

* 무단 복제 복사를 금함
* 잘못된 책은 교환해드립니다.

---

* 이 책은 한국예술인복지재단 지원으로 제작하였습니다.